DAS LICHT UND DIE FARBEN

Kräfte der Schöpfung

Aus dem Französischen übersetzt.
Originaltitel:
»La lumière et les couleurs – puissances créatrices«

 ISBN 978-2-8184-0449-2
Französische Originalausgabe

ISBN 978-3-89515-124-8

Druck 2019: Interpress, Ungarn

Umschlagsphoto © iStockphoto.com / Leonid Tit

Omraam Mikhaël Aïvanhov

DAS LICHT UND DIE FARBEN

Kräfte der Schöpfung

PROSVETA VERLAG

Inhalt

Teil I

Teil II

Kapitel 2

Kapitel 3

Omraam Mikhaël Aïvanhov

Teil I

Am Ursprung des Universums war das Licht

1

Vom Feuer zum Licht

Wir existieren, und das Universum, in dem wir leben, existiert auch, das ist eine Realität, die niemand bestreiten kann. Aber trotz der vielen Geschichten, die in den heiligen Büchern aller Religionen erzählt werden, und trotz der Forschung und Hypothesen der Astrophysiker, werden wir vielleicht nie wissen, wie dieses Universum erschaffen wurde oder wie es erschienen ist und auch nicht, weshalb es überhaupt etwas gab und nicht nur Leere. Aber wir können dennoch versuchen, diesem Geheimnis näher zu kommen, und dafür können wir verschiedene Wege gehen und dabei Bilder, Symbole und Analogien verwenden.

Einige Religionen machen das Feuer zur obersten Gottheit. Es handelt sich dabei um das ursprüngliche Feuer, von dem uns das physische Feuer, das wir kennen, kaum eine Vorstellung geben kann. In der Tat existiert dieses ursprüngliche Feuer im Universum in allen möglichen Formen, und es existiert auch in uns. Das Feuer an sich ist weder leuchtend noch heiß, das wird es unter bestimmten Bedingungen, und wir sehen es nur, wenn es von Licht begleitet wird.

Die ersten Verse des Buches Genesis weisen auf primitives Chaos hin, einen Ozean der Finsternis, über dem der Geist Gottes schwebt. Und als Gott sprach: »Es werde Licht!« (1. Mose 1,3), erschien das Licht. Gott sprach also. Aber hier hat das Sprechen offensichtlich nicht die Bedeutung, die wir diesem Wort geben. Zu sagen, Gott habe gesprochen, ist nur eine Ausdrucksweise für die Vorstellung, dass Er sich, um zu erschaffen, außerhalb Seiner

Selbst projiziert hat. Diese Projektion war Er selbst, aber eine neue Form von Ihm selbst, die wir Licht nennen. Zu sagen, Gott »sprach«, bedeutet, dass Er den Willen hatte, Sich Selbst zu manifestieren, wobei das Gesetz der Analogie uns hilft, das zu verstehen.

Nehmen wir ein Beispiel aus dem Alltag. Ihr habt eine Idee, aber wo ist diese Idee? Wir können sie weder sehen noch irgendwo in unserem Gehirn lokalisieren, auch wissen wir nicht, aus welchem Material sie besteht. Aber sobald ihr diese Idee durch Worte zum Ausdruck bringt, kann man bereits ihr Dasein wahrnehmen. Und wenn ihr handelt, um sie zu verwirklichen, verkörpert sich diese Idee schließlich, sie wird sichtbar. Das Wort ist ein Vermittler zwischen der Ebene des reinen Denkens und der Ebene der Verwirklichung in der Materie.

Das Licht ist also die aus dem ursprünglichen Feuer hervorströmende Substanz. Es ist das, was Johannes am Anfang seines Evangeliums das WORT nennt: »Im Anfang war das WORT, und das WORT war bei Gott, und Gott war das WORT… Alle Dinge sind durch dasselbe gemacht, und ohne dasselbe ist nichts gemacht, was gemacht ist« (Joh 1,1-3). Das Licht ist das WORT, das Gott am Anfang ausgesprochen hat.

Gott, der Geist, das Ur-Feuer, hat zuerst das Licht erschaffen, um es zum Material Seiner Schöpfung zu machen. Ebenso wie das männliche Prinzip – der Geist – das weibliche Prinzip – die Materie – zeugt, so zeugt das Feuer das Licht. Das ursprüngliche, nicht manifestierte Feuer spendet kein Licht. Erst in dem Moment, in dem es sich manifestierte, erschien das Licht. Es ist in gewisser Weise seine Kleidung. Das bedeutet, dass das Licht bereits Materie ist, es ist die Materie, durch die sich das Feuer manifestiert. Jedes Mal, wenn ihr ein Feuer anzündet, wiederholt sich genau die Geschichte der Erschaffung der Welt vor euch.

Am Anfang war also das Feuer, und das Feuer zeugte das Licht, welches das Material der Schöpfung ist. Gott, das aktive Prinzip, zeugte das Licht, und an diesem Licht, das bereits Materie war, arbeitete Er, um das Universum zu erschaffen. So sieht man seit der

Geburt des Universums die beiden großen Prinzipien des Männlichen und des Weiblichen am Werk: Gott, das Feuer, das männliche Prinzip, hat aus sich selbst das weibliche Prinzip, das Licht, hervorgeholt und hinausprojiziert – die Materie, in der er zu erschaffen begann. Das Licht ist der feinstofflichste Zustand der Materie und das, was wir Materie nennen, ist nur ein verdichteter Zustand des Lichts. Im ganzen Universum handelt es sich also nur um die gleiche Materie... oder das gleiche Licht, mehr oder weniger feinstofflich, mehr oder weniger verdichtet. Wir sehen nur deshalb nicht, dass Steine, Pflanzen, Tiere und Menschen aus Licht gemacht sind, weil sich dieses Licht in ihnen so stark verdichtet hat, dass es undurchsichtig wurde.

Die physische Welt, die wir kennen, ist daher eine extreme Verdichtung des ursprünglichen Lichtes. Gott, das aktive Prinzip, »sprach«: Er projizierte das Licht hinaus, und indem Er an diesem Licht wie an einer Materie arbeitete, schuf Er das Universum. Es ist daher ungenau zu behaupten, so wie es einige Theologen und Philosophen taten, Gott habe die Welt aus dem Nichts erschaffen, denn nichts kann aus dem Nichts erschaffen werden. Zu sagen, Gott habe die Welt aus dem Nichts erschaffen, bedeutet, dass Er nichts außerhalb Seiner Selbst brauchte, und eben das ist für die Menschen schwer zu verstehen, die nur mit Materialien und Instrumenten außerhalb von sich selbst etwas erschaffen, bauen und herstellen können. Die Vorstellung einer Schöpfung aus dem Nichts heraus bedeutet, Gott zog aus Sich Selbst das Material der Schöpfung hervor. Das Universum ist nichts anderes als diese Substanz, die aus Ihm hervorgezogen und hinausprojiziert wurde, die aber immer noch Er ist.

Womit webt die Seidenraupe ihren Kokon und die Spinne ihr Netz? Womit stellt die Schnecke ihr Haus her? Sie verwenden eine Substanz, die sie aus sich selbst hervorholen können. Wenn es uns gelingt, die Natur zu beobachten, können uns viele Naturphänomene über Themen aufklären, die als undurchdringliche Geheimnisse dargestellt wurden! Die Wissenschaft wird eines Tages anerkennen müssen, dass das Licht die ursprüngliche Materie ist, mit der das Universum erschaffen wurde. Diejenigen, die versuchen, diese Wissenschaft der Schöpfung zu vertiefen und sie zu ihrem täglichen Studium zu machen, diejenigen denen es gelingt, diesen Schöpfungsprozess in sich selbst umzusetzen, werden auch zum Schöpfer, so wie der himmlische Vater.

Die Einweihungswissenschaft nennt einen Menschen, der göttliche Magie praktiziert, einen Theurgen.* Dieser Mensch hat verstanden, dass Gott die Welt durch das Licht erschaffen hat und dass es nichts Wichtigeres gibt, als mit dem Licht zu arbeiten. Indem er sich lange Zeit auf das Licht konzentriert, gelingt es ihm, so tief in es einzutauchen, dass es ihm das Material für seine Schöpfungen liefert. Die Bilder, die er kraft seines Denkens hinausprojiziert, die Worte, die er ausspricht, die Gesten, die er ausführt, werden erst durch die Kraft des Lichts wirksam. Seine Worte und Gesten sind nur Ausdrucksmittel. Sie können nur in dem Maße Wirkungen erzeugen, in dem sie mit diesem lebendigen Element, dem Licht durchdrungen sind.

* Aus dem Griechischen »theos« (Gott) und »ergon« (Arbeit).

2

Das Licht, das aus der Finsternis kommt: Die Entstehung der Welten

Im alten Ägypten, wenn der Jünger den höchsten Grad der Einweihung erreichte, flüsterte ihm der Hohepriester ins Ohr: »Osiris ist ein schwarzer Gott... Osiris ist Finsternis, dreimal Finsternis.« Wie kann Osiris, Gott des Lichtes, Gott der Sonne, schwarz sein, eine Farbe, die nicht nur als Symbol für das Unnahbare, sondern auch für das Böse gilt? Nachdem er so lange das Licht gesucht hat, einen so langen Weg gegangen ist, schließlich das Schwarze und die Finsternis zu entdecken – was für ein Erstaunen, was für eine Enttäuschung, was für eine Angst!

In Wirklichkeit liegt es daran, dass Osiris eine solche Leuchtkraft hat, dass er dunkel erscheint, denn er ist sogar Licht jenseits des Lichtes. Warum sprechen wir von »blendendem Licht«? Scheinbar gibt es einen Widerspruch, und doch wieder nicht. Selbst wir auf der physischen Ebene bezeichnen nur das als Licht, was unsere Augen sehen können. Was sie nicht sehen können, nennen wir Schatten, Nacht, Dunkelheit, Finsternis. Aber all dies ist relativ, und sei es nur im Vergleich zu manchen Tieren, die ihrerseits im Finstern sehen. Und wenn niemand die Zuhörer oder Leser darauf vorbereitet hat, den Gedanken eines sehr großen Philosophen, eines sehr großen Wissenschaftlers zu verstehen, so bleibt es unklar für sie, egal wie viel Licht er auch auf bestimmte Themen wirft, und je heller sein Gedanke ist, desto weniger verstehen sie davon. Das Wort »Finsternis« bezeichnet also nicht nur eine objektive Realität, sondern drückt eine Unfähigkeit aus, sie zu erfassen.

Und das Wort »Licht« offenbart den Grad von Verständnis, zu dem man gelangt ist. Auf diese Weise tritt für uns Menschen das Licht immer aus der Dunkelheit hervor.

Aber nicht nur für uns kommt das Licht aus der Finsternis, es ist auch eine kosmische Realität. Die Eingeweihten, die sich lange den Geheimnissen Gottes und der Schöpfung zugewandt haben, lehren, dass das Licht aus der Finsternis hervorgeht, ganz so, wie es in der Genesis geschrieben steht: »Und Finsternis lag auf der Tiefe; und der Geist Gottes schwebte über dem Wasser« (1. Mose 1,2). Und dann sprach Gott: »Es werde Licht!« (1. Mose 1,3). Diese Vorstellung, dass Licht aus der Finsternis kommt, ist auch in der Beschreibung der sechs Schöpfungstage enthalten. Nach jedem Tag heißt es: »Da ward aus Abend und Morgen der (erste) Tag« (1. Mose 1,5). Jeder Tag, d.h. jede Phase der Schöpfung wird als ein Morgen dargestellt, der nach einem Abend folgt: »Da ward aus Abend und Morgen der erste Tag« (1. Mose 1,5). »Da ward aus Abend und Morgen der zweite Tag« (1. Mose 1,8).

Gott ließ also das Licht aus der Finsternis hervorgehen, den Tag aus der Nacht, und damit begann der Schöpfungsprozess, der auch auf dem Sephirothbaum, dem Lebensbaum der Kabbalisten dargestellt wird.

Bevor Gott sagte: »Es werde Licht!«, existierte das Licht in Wirklichkeit bereits in einer Form, die nicht vorstellbar ist und welche die Kabbalisten Ain Soph Aur nannten: Unendliches Licht. Um aus dieser Unermesslichkeit, diesem unendlichen Raum, in dem Er sich ausbreitete, herauszukommen, setzte sich der Schöpfer Grenzen. Dann, über diese Grenzen hinausfließend, bildete Er ein erstes Gefäß, das Er mit seinen Emanationen füllte. Dieses Gefäß ist Kether, die erste Sephira des Lebensbaums. Kether ist die erste Manifestation von Ain Soph Aur. Von da an können wir sagen, dass die ganze Schöpfung nur eine Aufeinanderfolge von Übersprudeln und Überquellen des ursprünglichen Lichtes war. Kether formte im Überquellen Chokmah, Chokmah ergoss sich in Binah, Binah in Chesed, Chesed in Geburah, Geburah in Tiphereth, Tiphereth in Netzach, Netzach in Hod und Hod in Jesod.

1 Ehjeh
Kether – Krone
Metatron
Chajoth ha-Kadosch – Seraphin
Reschith ha-Galgalim – Urwirbel (Neptun)

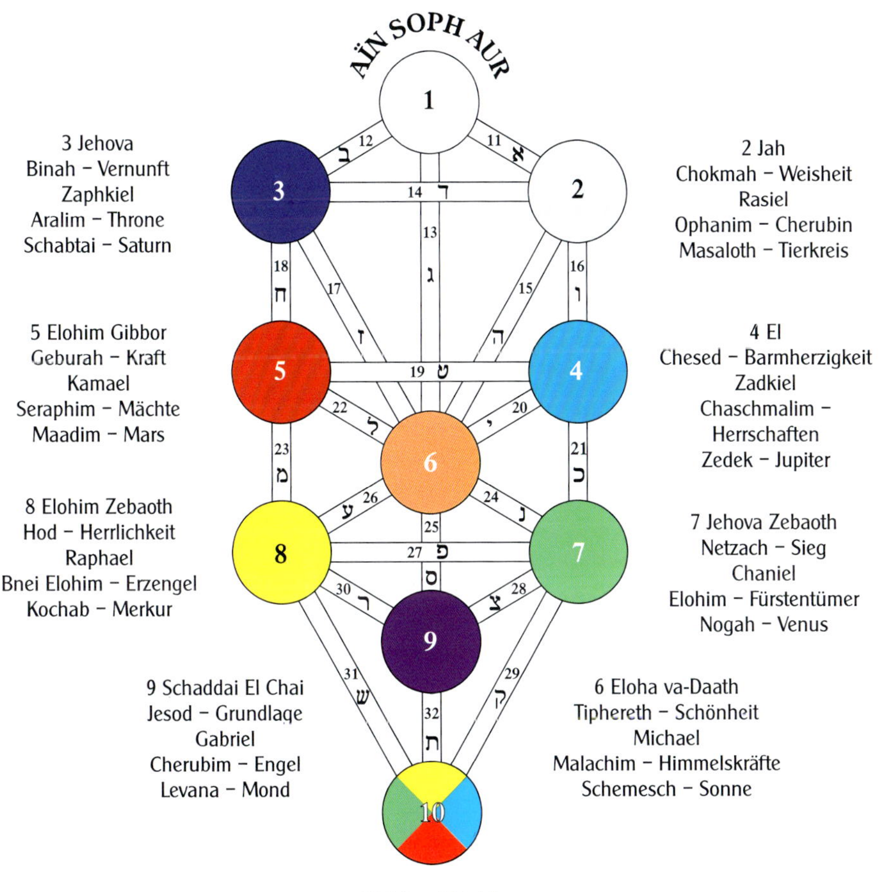

10 Adonai Melek
Malkuth – Reich
Uriel oder Sandalfon
Ischim – die Vollendeten
Aretz – Erde

Sephirothbaum

Endlich, nachdem er Jesod gefüllt hatte, quoll dieser Strom aus der göttlichen Quelle über, um Malkuth zu bilden, die letzte Sephira, das Reich. Er formte zuerst deren ätherische Seite, d.h. den feinstofflichen Aspekt der Materie; dann verdichtete sich ein Teil dieser ätherischen Materie so weit, dass er zu der physischen Materie wurde, die wir sehen und berühren können. In dem Maße wie die göttliche Emanation immer weiter herabstieg, um neue Welten zu bilden, verdichtete sie sich immer mehr. Aber es handelt sich immer um die gleiche Quintessenz, die unaufhörlich neue Strömungen, neue Farben, neue Melodien, neue Formen schafft... und von Emanation zu Emanation fließt das Leben ständig weiter aus der unendlichen Quelle. Das Leben ist also nur ein Umgießen von Energien. Deshalb findet man in der kabbalistischen Überlieferung auch das Bild vom Fluss des Lebens, der aus der göttlichen Quelle entspringt, herabsteigt und alle Regionen des Universums versorgt.

Ain Soph Aur heißt »das grenzenlose Licht«. Die Gottheit, so, wie die Kabbalisten sie verstehen, ist jenseits von Licht und Finsternis, jenseits der geschaffenen Welten. Und um dieses Geheimnis des göttlichen Seins noch besser zum Ausdruck zu bringen, haben die Kabbalisten jenseits von Ain Soph Aur eine Region konzipiert, die sie Ain Soph nannten: das Grenzenlose; und sogar jenseits von Ain Soph noch Ain, das heißt: Nichts. Am Anfang des Universums steht daher eine Negation. Aber nach Auffassung der Kabbalisten ist Ain nicht nur einfach eine Negation. Auch wenn dieses »Nichts« eine Abwesenheit, einen Mangel, eine Leere, eine Entbehrung bezeichnet, hat es dennoch nicht die Bedeutung von Nicht-Existenz. Ain ist nicht das absolute Nichts, wie manche sich das Nirwana der Hinduisten vorstellen, sondern ein Leben jenseits von Manifestation. Ain ist eine Abwesenheit, die auf den Moment wartet, zur Anwesenheit zu werden.

Auf diese Weise gibt es eine ununterbrochene Beziehung zwischen Gott, dem Absoluten, dem Unnahbaren und Gott, der sich in Seiner Schöpfung manifestiert. So fließt ein immer neuer Strom unablässig in das Universum ein. Das Universum ist eine kontinuierliche Schöpfung und seine Materie nimmt ständig zu und wandelt sich ständig. Wie wird dieser Kontakt zwischen dem Absoluten und dem Manifestierten hergestellt? Darüber wissen wir nichts. Ihr fragt euch, warum wir dann überhaupt darüber sprechen? Das hat seinen Grund: Da wir nach dem Bilde Gottes, nach dem Bilde des Universums geschaffen sind, kann etwas in uns, das unserem Bewusstsein entgeht, einen Teil dieser Realitäten erfassen. Indem wir über sie meditieren, durchdringen wir allmählich das Geheimnis der Schöpfung, das Geheimnis des Lichtes, das nur unser höheres Selbst uns offenbaren kann.

3

Vom unsichtbaren zum sichtbaren Licht: Videlina und Svetlina

Am ersten Tag der Schöpfung rief Gott also das Licht. Es ist das erste Geschöpf, das Gott aus dem Chaos hervorbrachte. Das Erscheinen von Licht war das erste Ereignis in der Geschichte des Universums. Am zweiten Tag trennte Gott die Wasser von oben und unten. Am dritten Tag sammelte Er das Wasser an einem Ort, um Platz für das Land zu schaffen. Und erst am vierten Tag erschuf Er die Sonne, den Mond und die Sterne... Wie soll man nun das Licht dieses ersten Tages verstehen, wo doch die Sonne noch nicht existierte?

Tatsächlich gibt es zwei Arten von Licht: das sichtbare Licht und das unsichtbare Licht; und eben dieses unsichtbare Licht ist die Essenz der Schöpfung. In manchen Sprachen gibt es dafür unterschiedliche Bezeichnungen. Im Bulgarischen zum Beispiel bezeichnet das Wort »Svetlina«, das aus der Wurzel des Verbs »scheinen« gebildet wurde, das physische Licht, und »Videlina«, das aus der Wurzel des Verbs »sehen« gebildet wurde, das spirituelle Licht. Denn nur mit dem Licht des Geistes können wir die Wirklichkeit uneingeschränkt erfassen. Da die Welt durch das Licht erschaffen wurde, werden uns auch durch dieses die Geheimnisse der Schöpfung offenbart.

Am vierten Tag, als Gott die Sonne, den Mond und die Sterne erschuf, erschien also Svetlina, das die materielle Manifestation von Videlina ist. Die Sonne, die nicht nur ein Feuerball, sondern auch ein mit Bewusstsein ausgestattetes Lebewesen ist, empfängt das subtile, unsichtbare Licht »Videlina« und verwandelt es in sichtbares Licht »Svetlina«, dank dem sie das Universum erhellt. Es ist Videlina, das durch Verdichtung Svetlina, das physische Licht, produziert. Das Experiment der Crook'schen Röhre kann uns eine Vorstellung geben von diesem Übergang des unsichtbaren Lichtes »Videlina« zum sichtbaren Licht »Svetlina«.

In einer Glasröhre, in der zuvor ein Vakuum erzeugt wurde, werden zwei Metallelektroden platziert, zwischen denen eine hohe elektrische Spannung angelegt wird. Die Kathode sendet einen Elektronenstrom in gerader Linie zur Anode, bleibt aber selbst dunkel, und am Ende der Röhre kommt es zu einer Lichterscheinung auf dem Glas.

Experiment von Crookes

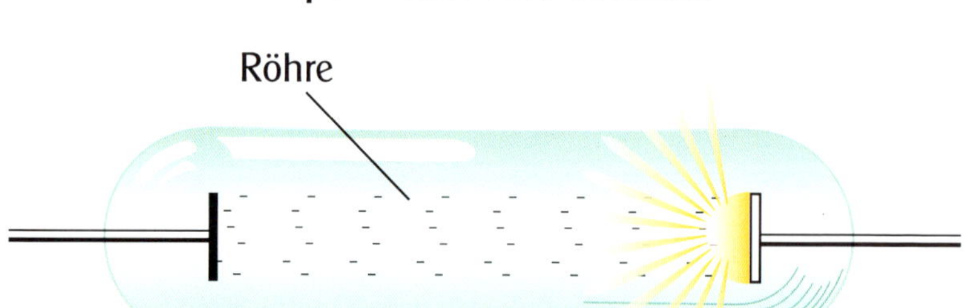

Interpretieren wir: Das Licht, das die Sonne uns sendet, ist nicht das Licht des ersten Tages, von dem die Genesis spricht, da es erst am vierten Tag erschaffen wurde. Jenseits der sichtbaren Sonne gibt es eine unsichtbare, dunkle Sonne, die die Einweihungstradition die schwarze Sonne nennt. Die schwarze Sonne hört nie auf, die sichtbare Sonne mit ihren Energien zu nähren, die sie dann umwandelt und in Form von Licht aussendet. Das Licht, das wir sehen, ist nicht das Licht, das Gott am Anfang erschuf, als Er sagte: »Es werde Licht!« Die erste Sonne, die schwarze Sonne, schickte das ursprüngliche Licht, Videlina, das die sichtbare Sonne in Strahlen umwandelte, Svetlina, und weiterschickte. Videlina, das wahre Licht, offenbart die Dinge nur, wenn es auf sie trifft. Wenn es auf seinem Weg nichts vorfindet, bleibt es unsichtbar.

Es wäre naiv zu glauben, es würde ausreichen, dass ein Schöpfergott sagt: »Es werde Licht!«, damit die Welt erscheint. Nicht das gesprochene Wort ist schöpferisch, sondern das schöpferische WORT, der Logos, also das Licht. Das WORT ist das erste Element, das Gott in Bewegung gesetzt hat. Als die Urkraft aus Gott hervorging, war sie Geist; als sie zu Gott zurückkehrte, wurde sie zu Licht. Die schwarze Sonne sendet Videlina, den Geist, zur lichten Sonne; und die lichte Sonne sendet das sichtbare Licht, Svetlina, zur dunklen Sonne zurück. Auf dem Rückweg wird der Geist zu Licht. Als Gott die erste Bewegung machte, trat Sein Geist, das WORT in Aktion, und als der Geist zu Gott zurückkehrte, war er zu Licht geworden.

Diese Vorstellung kann man noch vertiefen mit der Hilfe der geometrischen Figur des Kreises. Im Alten Testament, im Buch der Sprüche, spricht die Weisheit folgendermaßen: »Als er den Kreis zog über der Tiefe, ... da war ich beständig bei ihm« (Spr 8,27-30). Weisheit auf Hebräisch heißt Chokmah, das WORT. Das WORT ist die erste Bewegung des göttlichen Geistes, der den Kreis erschaffen hat: das Universum. Ein Kreis wird immer von einem Zentrum aus gezeichnet. Und da der Kreis eine Grenze hat, kehrt alles, was das Zentrum an die Peripherie sendet, zu ihm zurück. Es gibt also einen ununterbrochenen Fluss vom Zentrum zur Peripherie und von der Peripherie zum Zentrum. Während der Strom der Kräfte in das Zentrum zurückkehrt, hat er neue Eigenschaften, und während seiner ganzen Rückreise bringt er neue Manifestationen hervor. Die Eigenschaften der Strömungen auf der Hin- und Rückreise sind unterschiedlich.

Am Anfang war Videlina, die erste Bewegung, ein Hervorsprudeln, ein Strahlen, das den Raum überflutete. Bevor Gott erschuf, projizierte Er einen leuchtenden Kreis um sich herum, den man als

Seine Aura bezeichnen kann. Mithilfe dieses Lichtkreises zog Er die Grenzen des Universums, und als diese Grenzen gezogen waren, projizierte Er in Seine Aura, Videlina, Bilder, die sich materialisierten. »Im Anfang war das WORT und das WORT war bei Gott, und Gott war das WORT« (Joh 1,1). Diese ersten Worte aus dem Johannes-Evangelium bedeuten, dass nichts ohne die Teilnahme von Videlina, der Aura Gottes, geschaffen wurde. Das göttliche WORT ist das Licht.

Als Gott einen Kreis über der Tiefe zog, füllte Er ihn mit Seinem Licht, und in diesem Licht waren Steine, Pflanzen, Tiere und Menschen zunächst wie schwebende Bilder. Alles, was existiert, ist in die Aura Gottes eingetaucht, wir leben in ihr: »Denn in ihm leben, weben und sind wir« (Apg 17,28), schreibt der Apostel Paulus. Und wir baden nicht nur in Gottes Aura, Videlina, sondern wir werden durchdrungen von ihr, sie geht durch uns hindurch. Wer lernt, sich auf dieses Licht zu konzentrieren, verfeinert seine Wahrnehmungen so sehr, dass er es immer mehr zu sich heranzieht, und eines Tages ist sein ganzes Wesen von ihm durchdrungen.

Videlina ist die einzige Wirklichkeit, sie ist noch viel wirklicher als das ganze Universum, das erschaffen wurde, weil dieses durch es existiert. Wenn Jesus sagte: »Ich bin das Licht der Welt« (Joh 8,12), sollte man begreifen, dass er sich nicht mit dem Licht der Sonne identifizierte, das wir am Morgen aufgehen sehen, sondern mit einem anderen Licht, dem Licht, das am Ursprung der Sonne steht, das der Geist der Sonne ist, mit Videlina, dem Christus. Und so wie das physische Licht, Svetlina, uns ermöglicht, die Gegenstände der physischen Ebene mit unseren physischen Augen zu sehen, genau so gewährt uns das innere Licht – das Licht Christi, Videlina – die göttliche Welt zu schauen und zu verstehen. Wir sollten lernen, was dieses Licht ist, wie wir mit ihm und in ihm leben können und jeden Tag daran arbeiten, winzige Partikel davon aufzunehmen und sie in uns zu verdichten. Bis zu dem Zeitpunkt, an dem wir in der Lage sind, sie als Strahlen auf die Gegenstände und Wesen der unsichtbaren Welt zu projizieren, die uns dann in ihrer erhabenen Wirklichkeit erscheinen werden.

Am Anfang von allem steht das Licht. Und das Licht ist Christus. Der Geist Christi offenbart sich als Erstes in Chokmah, der zweiten Sephira auf dem Baum des Lebens. In Tiphereth, der Sephira der Sonne, manifestiert er sich dann unter einem anderen Aspekt. Tiphereth hat also seine Wurzeln in Chokmah, wo das göttliche Licht, Videlina, leuchtet.

Wenn ihr am Morgen die Sonne aufgehen seht, denkt daran, dass ihr euch durch sie mit dem Geist Christi, der ersten Emanation Gottes, verbinden könnt. Die Sonne anzusehen, reicht nicht aus. Sie selbst ist nur ein sichtbarer Ausdruck eines unsichtbaren, ungreifbaren Lichtes. Um wirklich in Kontakt mit der Quintessenz ihres Lichtes zu kommen, muss euer eigener Geist zu ihm aufsteigen und mit ihm verschmelzen. Stellt euch vor, dass ihr dieses Licht in euch eindringen lasst, so dass es durch alle Zellen eurer Organe kreist. Wenn ihr einmal gelernt habt, die Welt des Lichtes zu betreten, werden einige Partikel dieses Lichts in euch eindringen, und ihr werdet die Offenbarung der göttlichen Herrlichkeit empfangen.

4

Gott ist nicht das Licht, aber das Licht führt uns zu Ihm

Als ich Meister Peter Deunov traf, war ich sehr jung und suchte noch nach meinem Weg. Eines Tages stellte ich ihm die Frage: »Meister, was ist die beste Methode, Gott zu finden, mit Ihm in Kontakt zu treten, seine Gegenwart zu spüren?« Er antwortete mir: »Du musst an das Licht denken, dich darauf konzentrieren, indem du dir vorstellst, dass das ganze Universum in Licht eingetaucht ist.« Und ich folgte seinem Rat. Natürlich ist Gott nicht das Licht, Er ist unendlich mehr als das Licht, man kann Ihn weder erkennen noch Ihn sich vorstellen. Wenn es in der Genesis heißt, dass Er am ersten Tag das Licht erschaffen hat, dann deshalb, weil Er nicht das Licht ist. Aber mit ihm hat Er das Universum erschaffen, und da es Seine erste Emanation ist, enthält es potenziell all Seine Kräfte und Seine Tugenden. Indem wir Ihn im Licht suchen, finden wir Gott.

Ein wenig später hörte ich den Meister sagen, dass das Ziel der spirituellen Arbeit darin besteht, Licht in uns kreisen zu lassen, so wie das Blut in unserem Körper kreist. So verstand ich dann, dass, ebenso wie Blut für unsere körperliche Gesundheit unerlässlich ist, Licht für unsere spirituelle Gesundheit unerlässlich ist. Ich beschloss, mein Dasein der Vertiefung dieser Wahrheit zu widmen, und ich wünsche mir, dass auch ihr sie annehmen werdet. Wenn ihr euch angewöhnt, euch auf das Licht zu konzentrieren, werdet ihr spüren, wie es an euch arbeitet, um euch zu reinigen, zu stärken, zu gestalten und zu neuem Leben zu erwecken. An dem Tag, an dem es endlich in euch lebt, wird auch Gott in euch leben.

Wie auch immer die Umstände des Lebens und wie auch immer eure Beschäftigungen aussehen, könnt ihr von Zeit zu Zeit für einen Moment innehalten und euch vorstellen, dass ihr in das Licht eintretet, dass ihr euch vom Licht durchdringen lasst. Habt ihr diese Erfahrung noch nie gemacht? Habt ihr euch während einer Meditation oder wenn ihr eine Geste der Güte, der selbstlosen Liebe ausführt, jemals von innen heraus erleuchtet gefühlt, so als ob Lampen in euch aufgeleuchtet hätten, als ob Licht von eurem Gesicht, von euren Händen ausstrahlen würde? Je nach euren Gedanken, Gefühlen, Wünschen, Projekten variiert die Intensität des Lichtes in euch, und dieses Licht ist das Zeichen dafür, dass ihr euch entweder Gott annähert oder euch von Ihm entfernt.

An manchen Tagen nehmen eure Aufgaben und Verpflichtungen nicht all eure Zeit oder Aufmerksamkeit in Anspruch, ihr habt manchmal ein paar Minuten Zeit... Denkt dann an das Licht, konzentriert euch darauf; nach und nach wird es euch Frieden, Gleichgewicht, Stärke und wahres Wissen bringen. An dem Tag, an dem ihr das Licht über alle Schätze der Erde stellt, werdet ihr euch wie ein wahrer Sohn Gottes, eine wahre Tochter Gottes fühlen. Und wenn ihr euch auf das Licht konzentriert, denkt daran, dass ihr in den Fluss des Lebens eintaucht, der durch das Universum fließt und der Steine, Pflanzen, Tiere, Menschen und alle sichtbaren und unsichtbaren Geschöpfe nährt.

5

Die Sonnenstrahlen – Lebensbringer

Der Ursprung des Lichtes, das wir sehen, ist die Sonne. Ihre Strahlen kommen bis zu uns wie kleine, mit Nahrung beladene Waggons, die Elemente durch den Raum transportieren, welche für das Leben und Wachstum von Pflanzen, Tieren und Menschen notwendig sind. Wenn sie auf der Erde ankommen, deponieren sie all diese Reichtümer, dann kehren sie auf einem anderen, unsichtbaren Weg zur Sonne zurück, um sich von neuem aufzuladen. Es ist ein überaus erstaunlicher Kreislauf. Und in diesen kleinen Waggons befinden sich nicht nur Nahrungsmittel, sondern auch Geschöpfe, die auf die Erde kommen, um eine Arbeit zu erledigen, dann zurück in die Sonne gehen, um sich zu stärken, aufzuladen und dann ihre Aktivitäten fortzusetzen.

Dieser Kreislauf der Sonnenstrahlen im Raum findet sich auch in uns wieder. Unser Herz ist die Sonne, die die Strahlen, das Blut, in alle Organe unseres physischen Körpers sendet, die von einer Vielzahl von Geschöpfen bevölkert werden, um die darin enthaltenen lebendigen Partikel zu verteilen. Aber da sie während dieser Reise mit Unreinheiten aufgeladen werden, bevor sie zur Sonne, dem Herzen zurückkehren, folgen sie einem umfangreichen Wegesystem durch die Lunge, um sich zu reinigen. Der Blutkreislauf in uns reproduziert durch die Arterien und Venen den Kreislauf der Sonnenstrahlen im Raum. Denn das Sonnensystem ist ein Organismus, dessen Herz die Sonne ist, und sein Licht ist das Blut, das es aussendet, um die verschiedenen Teile dieses Organismus zu ernähren. Das Sonnensystem ist ein lebendiges System, und die ganze Schöpfung kann fortbestehen aufgrund ihrer Strahlen, welche die Erde, die Ozeane und darüber hinaus den ganzen Raum mit den anderen Planeten und den dort lebenden Geschöpfen besuchen. Jeder Sonnenstrahl ist eine Energiequelle. Deshalb, und das sage ich euch seit Jahren, sollten die Menschen ihre Bemühungen darauf konzentrieren, die unerschöpfliche Sonnenenergie aufzufangen, jetzt, wo die natürlichen Ressourcen wie Kohle, Öl, Uran usw. erschöpft sind.

Aber das Sonnenlicht ist nicht nur eine Energie, die auf der physischen Ebene genutzt werden kann, es ist ein lebendiger Geist, der bis zu uns herabsteigt und direkten Kontakt mit unserem Geist hat. Jeder Strahl spricht zu uns, und wir hören ihn nur deshalb nicht, weil die Schwingungen dieser Strahlen so hoch sind, dass unsere Ohren sie noch nicht wahrnehmen können. Aber an dem Tag, an dem es uns gelingt, unsere inneren Schwingungen zu erhöhen, werden wir in der Lage sein, die Botschaften zu erfassen, die uns die Sonne und die Sterne durch den Kosmos schicken.

Schon wenn ein Strahl auf einen beliebigen Gegenstand oder ein Wesen fällt, belebt er diese. Sogar Steine brauchen dieses Leben, das sie von der Sonne erhalten. Denn die Steine sind, obwohl sie leblos scheinen, lebendig. Noch deutlicher wird dieses Leben bei den Pflanzen sichtbar, die dank des Sonnenlichtes wachsen und sich vermehren. Bei den Tieren verwandeln sich die Sonnenstrahlen nicht nur in Vitalität, sondern auch in Sensibilität: Sie erleben Leid oder Wohlbefinden und sogar Emotionen, die Kummer oder Freude gleichen.

Schließlich verwandeln sich die Sonnenstrahlen, wenn sie den Menschen berühren, in Intelligenz, denn ab dem menschlichen Reich finden sie eine so vollständige Aufnahme, dass sie sich als Gedanke manifestieren können. Der Geist, der durch den Mund eines Mannes oder einer Frau zu euch spricht, ist eine Emanation des Sonnenlichts: Es ist das Licht, das denkt, das spricht, das singt und das schafft. Je mehr es sich einen Weg in die Seele bahnt, desto mehr manifestiert es sich als Intelligenz, Liebe, Willenskraft und so weiter. Für viele ist es schwierig anzuerkennen, dass das Licht mehr ist als eine physikalische Schwingung, dass es ein lebendiger Geist ist. Und weil sie sich dieser Idee gegenüber verschließen, berauben sie sich der Wohltaten der Sonne.

Für ihr Gleichgewicht und ihre psychische und spirituelle Entfaltung sollten die Menschen an die erste Stelle eine richtige Philosophie und eine vernünftige, harmonische Lebensweise stellen. Aber auf der physischen Ebene sollte der Sonne wieder der erste Platz zukommen. Eines Tages wird die Wissenschaft untersuchen, wie sie von ihren Heilkräften profitieren kann: wann und wie lange man sich ihren Strahlen aussetzen sollte, und ebenso, wie man ihnen Wasser in verschiedenfarbigen Flaschen aussetzen sollte und wann man das Wasser trinken sollte... Man wird mit dem Sonnenlicht in all seinen Formen arbeiten und mit Hilfe von Geräten alle darin enthaltenen nützlichen Elemente herausfiltern. Die Therapie der Zukunft wird die Solartherapie sein.

Die Wissenschaft schenkt der Sonne noch keine besondere Beachtung, da sie sich vor allem für die chemischen Eigenschaften der Materie interessiert. Und wenn doch Meerwasser, Algen, Pflanzen und sogar Steine und Kristalle eine Heilkraft haben, dann deshalb, weil sie diese von der Sonne bekommen. Wenn man sich mit der Sonne befasst, wird man ihr zwangsläufig den ersten Platz einräumen müssen: Wir werden uns von der Sonne ernähren, wir werden die Sonne atmen und wir werden sogar ihre Botschaften und ihre Musik hören, weil wir in der Lage sein werden, Geräte herzustellen, um sie aufzufangen.

Nur die Sonnenstrahlen sind dazu fähig, das menschliche Leben aufrechtzuerhalten, zu nähren und gedeihen zu lassen. Aber der Mensch muss lernen, sie aufzunehmen, indem er sich ihnen öffnet; er wird die Arbeit spüren, die sie für seine Regeneration und seine Belebung ausführen. Denn Sonnenlicht füllt nicht nur den Raum über uns, es ist auch in der gesamten Natur gegenwärtig. Alles, was auf Erden existiert, ist davon durchdrungen. Genau das dürfen wir nicht vergessen, besonders wenn wir essen. Warum? Weil Essen bedeutet, dass wir aus der Nahrung die Energien herausziehen, die sie enthält. Und diese Energien sind jene Energien, welche die Sonne darin kondensiert, verdichtet hat, und indem wir essen, vollziehen wir den umgekehrten Vorgang: Wir zerlegen die Materie der Nahrung, um die Lebenspartikel freizusetzen, die die Sonne darin gespeichert hat, und wir nehmen sie in unseren Körper auf.

Wenn euch bewusst wird, dass alle Nahrungsmittel, die ihr zu eurem Munde führt, eine Kondensation der Sonnenstrahlen sind, denen sie ausgesetzt waren, schafft ihr die besten physiologischen Voraussetzungen dafür, um diese Strahlen gut aufzunehmen und in eurem Organismus zu verteilen. Und denkt daran, von Zeit zu Zeit anzuhalten, um ein paar tiefe Atemzüge zu machen in der Überzeugung, dass diese Luft, die in euch einströmt, auch von Sonnenstrahlen durchdrungen ist. Auf diese Weise bereitet ihr euch darauf vor, das himmlische Licht, den Geist Gottes, zu empfangen. Denn selbst wenn das Licht, das von der Sonne kommt, nur seine materiellste Form ist, werdet ihr, wenn ihr lernt, es aufzunehmen, mit viel feinstofflicheren Quintessenzen in Kontakt kommen, die euch das ewige Leben bringen.

Jenseits des Sonnenlichtes muss man immer nach dem anderen Licht, Videlina, suchen, dessen Emanation es ist. Es ist dann dasjenige, das auf den Organismus wirkt, indem es ihn zuerst von seinen Unreinheiten befreit. Es gibt Kanäle in unserem Körper, die subtiler sind als Blutgefäße, sogar feiner noch als Kapillaren, eine Art Netzwerk, durch das ein Fluidum spiritueller Natur fließt. Dieses Fluidum ist in gewisser Weise das Blut unseres Nervensystems. Das Blut, das die Vitalität des physischen Körpers aufrechterhält, reicht nicht aus, um uns gesund zu erhalten. Alle Nervenstränge müssen gereinigt werden, damit die Ströme fließen und alles auf ihrem Weg wiederhergestellt werden kann. Dann geht es uns nicht nur besser, sondern wir lieben besser, wir verstehen besser.

Das Sonnenlicht kann zu einer Segensquelle für euch werden, besonders wenn euch bewusst wird, dass hinter diesem Licht ein anderes Licht existiert und ihr euch daran gewöhnt, euch auf dieses zu konzentrieren. Derjenige, der seine feinstofflichen Zentren entwickelt hat, wird dazu fähig sein, es durch die undurchsichtigsten

Gegenstände hindurch aufzufangen. Selbst wenn es sich in den Tiefen der Erde oder der Ozeane befindet, wird er es empfangen. Aber um dieses Licht aufzusammeln, ist eine der ersten Bedingungen, Dankbarkeit dem Schöpfer gegenüber zu entwickeln. Was auch immer euch geschieht, lasst eure erste Reaktion sein, Ihm zu danken. Sprecht: »Danke, Herr, danke für das Leben, danke für das Licht. Dein Name sei gepriesen, in Ewigkeit.« Wiederholt diese Worte so oft wie möglich und auf jede erdenkliche Weise; sie werden in euch die Kanäle der Kommunikation mit der göttlichen Welt freilegen, ihr werdet jedes Mal ein paar Tropfen ihres Lichtes aufnehmen, und eines Tages wird alles, was von euch ausströmt, reines Licht sein.

6

Hinterlasst überall Lichtspuren

Die himmlischen Geister gleichen Gärtnern, die immer bereit sind, sich um unseren inneren Garten zu kümmern, indem sie Liebe, Frieden und Freude dort hineinbringen. Aber wartet nie auf ihr Kommen, ohne dass ihr etwas tut. Wenn ihr wollt, dass sie euer Dasein bemerken, sendet ihnen wenigstens ein paar Signale. Natürlich beschwert ihr euch manchmal bei ihnen und macht ihnen sogar Vorwürfe, aber sie hören und reagieren am besten auf Lichtsignale, die ihr ihnen schickt. Die Sprache, die sie verstehen, ist die Sprache des Lichtes.

Lernt, durch euer Herz, euren Verstand, eure Seele und euren Geist Funken hinauszusprühen. Die himmlischen Geister werden sich nähern, und was sie dann sehen, wird ihnen so schön erscheinen, dass sie sich vielleicht sogar entscheiden, in euch zu wohnen, und so werden euch viele innere Sorgen und viele Nöte verlassen. Diese Sorgen, diese Nöte werden durch dunkle Wesen verursacht, die ihr durch eure Nachlässigkeit, eure Unkenntnis der Gesetze, die euer psychisches Leben bestimmen, angezogen habt. Ruft das Licht herbei, um eure dunklen Gedanken und Gefühle zu reinigen, die Nahrung für jene Wesenheiten sind, die sich die ganze Zeit um den Menschen herumtreiben. Wenn sie nichts mehr haben, woran sie sich festklammern können, werden sie euch verlassen, weil es in euch keine Nahrung mehr für sie gibt. Wie viele Reinigungsmethoden habe ich euch seit Jahren gegeben, damit ihr das Licht anziehen könnt! Denn das Licht ist nicht nur in der Lage, eine unüberwindliche Barriere für böswillige Wesen zu schaffen, sondern es zersetzt sie auch durch seine intensiven Schwingungen.

Wir alle haben eine körperliche Gestalt, die es uns ermöglicht, uns voneinander zu unterscheiden. In Bezug auf Gesichter und Körperformen können wir uns nicht täuschen. Aber innerlich hat jeder die Fähigkeit, sich mit allem zu identifizieren, was existiert, und eben das tun wir mehr oder weniger unbewusst unser ganzes Leben lang. Denn etwas in uns identifiziert sich unablässig durch Nachahmung mit den Wesen und Gegenständen, die wir sehen, hören und berühren. Deshalb sollten wir wachsam sein, von Zeit zu Zeit einen Moment innehalten und uns fragen, mit wem und was wir uns gerade identifizieren. Denn wir werden früher oder später den Wesen und Gegenständen ähnlich sein, mit denen wir uns für einen Augenblick verbunden haben.

»Das Herz sei rein wie ein Kristall«, sagte Meister Peter Deunov. Wenn man einen Kristall betrachtet, fragt man sich, wie die Erde in ihrem dichten und dunklen Inneren eine so klare, lichtdurchlässige Materie hervorbringen konnte, und man ist voll staunender Bewunderung. Aber Bewunderung allein reicht nicht aus. Wenn Meister Peter Deunov sagt: »Das Herz sei rein wie ein Kristall«, dann ist es nicht nur eine poetische Ausdrucksweise. Er möchte, dass wir in unserem Herzen die gleiche Arbeit wie die Erde verwirklichen, indem wir unsere Gefühle und Wünsche umwandeln.

Um dies zu erreichen, beginnt damit, eure Vorstellungskraft zu nutzen, denn die Vorstellungskraft ist mächtig, und es hängt von euch ab, ob das, was ihr euch vorstellt, Wirklichkeit wird. Wenn ihr einmal diese Reinheit, diese Transparenz des Kristalls in euch selbst erlebt habt, könnt ihr es nicht mehr ertragen, dass Neid, Verachtung, Wut, Hass usw. in euch wohnen. Sobald sich diese Gefühle in euch einzuschleichen beginnen, seid ihr sofort gewarnt und ihr bemüht euch zu reagieren, damit ihr sie durch edlere, selbstlosere Gefühle ersetzt, die euch von der Bürde befreien. Habt also das Bild des Kristalls innerlich vor euch, konzentriert euch darauf, identifiziert euch mit ihm; nach und nach werden dann euer Äther-, Astral- und Mentalkörper transparent werden, und ihr werdet spüren, wie Lichtstrahlen euch durchdringen.

Und weil das Licht wahre Reichtümer enthält, werdet ihr, wenn ihr wisst, wie ihr damit arbeiten könnt, das Gefühl haben, dass sich eure Beziehungen zu den anderen verbessern. Der Grund dafür ist einfach: Wer reich ist, wird großzügig, er verspürt ein größeres Bedürfnis, anderen zu helfen, und das Licht inspiriert ihn ebenso dazu, den besten Weg zu finden, wie er ihnen helfen kann. Nun, wie kann man da umhin, ihn nicht zu schätzen?

Verführung, Geschenke, Geld, Gewalt... das sind die Methoden, die die meisten Männer und Frauen anwenden, wenn sie geliebt werden wollen. Denn das sind offensichtlich die einfachsten, aber sie werden von der göttlichen Moral scharf verurteilt. Die einzige und gleichzeitig mächtigste Methode, die sie anerkennt, ist, den Wesen, von denen man geliebt werden möchte, spirituelle Lichtgeschenke zu machen, die man um sie herum ausbreitet. Wollt ihr, dass jemand euch liebt, dass er liebevoll an euch denkt? Sendet ihm Licht, von dem ihr wisst, dass es eine lebendige Wesenheit ist. Seine Seele wird die Gegenwart dieser wohlwollenden Wesenheit spüren und sich für euch zu öffnen beginnen.

Wenn ihr beabsichtigt, Verwandte oder Freunde zu besuchen, und wenn ihr möchtet, dass sie euch gerne willkommen heißen: Macht es nicht, wenn ihr besorgt und gereizt seid, denn selbst wenn ihr versucht, es vor ihnen zu verbergen, werden sie es spüren. Und bevor ihr ein Haus betretet, haltet einen Moment inne und bittet das Licht, mit euch hineinzugehen. Wenn ich Licht sage, meine ich in Wirklichkeit Segen bringende Wesen. Wie sollten dann diese Verwandten und Freunde nicht darüber glücklich sein, euch zu empfangen? Und denkt daran, sie bewusst zu grüßen, indem ihr viel Licht in euren Blick und eure Hand hineinlegt.

Und wenn ihr einem Verwandten oder Freund helfen wollt, der krank ist oder Schmerzen hat, sendet ihm Lichtstrahlen anstatt Gedanken voller Traurigkeit und Sorge zu wälzen, die ihm nichts nützen. Das Licht sollte eure ständige Beschäftigung sein. Wo auch immer ihr seid, sobald ihr einen Moment frei seid, konzentriert euch auf das Licht, anstatt eure Gedanken herumwandern zu lassen. Wenn ihr fühlt, dass eure Seele von Sorge, Zweifel, Kummer oder irgendeinem anderen negativen Gefühl verdunkelt ist, verbleibt nicht in diesem Zustand, reagiert sofort, wendet euch an das Licht. Sagt zu ihm: »Du, den Gott als Erstes erschaffen hat, du bist der Träger all seiner Schätze. Tritt in mich ein, komm und erhelle meinen Kopf, mein Herz, mein ganzes Wesen.« Dann werdet ihr in allem, was ihr tut, wo immer ihr hingeht, Spuren des Lichts hinterlassen.

7

Die mystische Erfahrung, die Erfahrung des Lichts

Es ist den Menschen nur deshalb noch nicht möglich, das Licht durch die Dichte der Materie hindurch wahrzunehmen, weil sie die Organe der geistigen Schau noch nicht entwickelt haben, mit deren Hilfe sie es sehen würden. Dennoch konnten einige Menschen unter außergewöhnlichen Umständen diese Erfahrung machen.

Der Schuhmacher Jakob Böhme, ein großer deutscher Mystiker, erzählte, wie er eines Tages, als er zu Hause war, plötzlich den Eindruck hatte, die Mauern und alle ihn umgebenden Gegenstände würden Licht ausstrahlen, ein so intensives Licht, dass seine Augen es nicht ertragen konnten. Da er nicht verstand, was ihm widerfuhr, verließ er sein Haus und floh aufs Land. Aber dort wurde es noch schlimmer, denn Steine, Bäume, Blumen, Gras, alles war nichts als Licht und sprach zu ihm durch dieses Licht! Manche sagen vielleicht, dass es sich um eine Form von Halluzination handelte. Nein, denn das Licht ist das Material der Schöpfung, es gibt nichts Unglaubwürdiges daran, dass einige Menschen in der Lage sind, die Welt um sich herum wie von innen beleuchtet zu sehen.

Ich war sehr jung, als ich diese Erfahrung machen konnte. Damals hatte ich Meister Peter Deunov noch nicht getroffen. Eines Tages entdeckte ich durch Zufall das Buch: »Die Überseele« des amerikanischen Philosophen Emerson, und plötzlich blendete mich eine Klarheit, ein Geistesblitz traf mich. Die Vorstellung, die mich derart überwältigte, war, dass alles, was im Universum existiert, in diesem Prinzip enthalten ist, das Emerson die Überseele nennt. Diese Überseele, die wir alle besitzen, ist eine Emanation des kosmischen Geistes. Indem wir zur Inkarnation in die Materie hinuntersteigen, verlieren wir das Bewusstsein von der Existenz dieser Seele in uns, aber wenn wir danach streben, sie zu erkennen, wenn wir uns mit ihr identifizieren, nähern wir uns unserem wahren Wesen an.

Kurze Zeit nach dieser Lektüre von Emerson ging ich eines Tages in den Hügeln um die Stadt Warna spazieren und setzte mich hin, um zu meditieren. Und was geschah dann? Plötzlich wurde ich von einem solchen Licht überflutet, wurde ich von solchen Kraftströmen durchquert, dass ich nicht mehr wusste, wo ich mich befand, ich wurde hinweggetragen. Alles war nur noch Licht... Aber da der Organismus in solch einem Moment versucht, sich zu wehren, fiel ich in eine Art Regungslosigkeit zwischen Ohnmacht und Schlaf. Als ich wieder zu mir kam, war alles wieder so wie zuvor.

Danach bemühte ich mich oft, diesen Zustand von Erleuchtung wiederherzustellen, aber es gelang mir nicht. Später lernte ich andere, ähnliche Zustände kennen, aber keine von solcher Intensität. Glücklicherweise, kann man da nur sagen, denn es ist für einen menschlichen Organismus unmöglich, Schwingungen von solch einer Kraft zu widerstehen. Was ich damals erlebte, war außergewöhnlich. Ich empfand plötzlich, wie in einem Blitz, die Herrlichkeit dessen, was jenseits der sichtbaren Welt existiert.

Ein wenig später traf ich Meister Peter Deunov. Als er beschloss, die Sommerkongresse in den Bergen von Rila zu organisieren, versuchte ich, so oft wie möglich daran teilzunehmen. Eines Tages bat mich eine ältere Schwester, sie zu einem Ort etwas oberhalb unseres Lagers zu begleiten. Schon bei unserer Ankunft waren wir ergriffen von der Atmosphäre, die dort herrschte; wir hatten das Gefühl, ein Heiligtum zu betreten, es schien, als hätte noch nie ein Fuß diesen Boden betreten. Wir meditierten, beteten und sprachen über die Lehre des Meisters. Dann, nachdem ich sie auf den Weg gebracht hatte, damit sie leicht wieder hinunter kommen konnte, meditierte ich weiter.

Was geschah auch dort wieder? Die Stelle, an der ich saß, war sehr schön, aber nicht schöner als alle um mich herum. Ich konnte nicht glauben, was ich sah: Alles war erleuchtet, belebt, die Steine, die Gräser, die Bäume waren lebendig geworden, wie verzaubert, von Licht durchtränkt. Ich wurde von staunender Bewunderung davongetragen, ich konnte mich nicht mehr von diesem Schauspiel losreißen. Dieses Phänomen dauerte lange Zeit, und auch dort habe ich wieder verstanden, wie unwissend wir sind, was die Natur wirklich ist. Hinter dem Anschein verbergen sich Wirklichkeiten, die wir nicht einmal erahnen, und mit Ausnahme seltener privilegierter Momente bleibt uns das ganze feinstoffliche Leben des Universums unbekannt, fremd.

In den Erzählungen der Mystiker ist das Wort, das am häufigsten auftaucht, das Wort »Licht«, denn eben die mystische Erfahrung ist die Entdeckung der wahren Realität der Welt und diese wahre Realität ist das Licht. Alle, denen es gegeben wurde, diese Erfahrung zu machen, sagen, dass sie gesehen haben, dass alle Geschöpfe, alle Gegenstände, sogar Steine in Licht schwimmen und Licht verbreiten. Das ist keine Illusion: Alles, was auf der physischen Ebene existiert, existiert auch auf den anderen Ebenen in einer feinstofflichen Form, näher am ursprünglichen Licht.

Der Sinn der spirituellen Arbeit besteht daher darin, über die Erscheinungen hinaus, dieses ursprüngliche Licht zu entdecken und nur Bestrebungen und Aktivitäten nachzugehen, die uns die Möglichkeit eröffnen, es in uns selbst und ebenso außerhalb von uns zu entdecken. Wahre Spiritualität ist eine Arbeit am Licht und mit dem Licht. Und selbst wenn das Licht, das wir sehen, nur ein materieller – man könnte fast sagen grober – Aspekt des göttlichen Lichtes ist, so ist es bereits ein Mittel, um uns mit ihm zu verbinden.

8

Eintreten in die Schwingungen des Lichtes

Unter den Eigenschaften des Lichtes ist eine der bemerkenswertesten seine Schnelligkeit. Licht bewegt sich mit einer Geschwindigkeit von 300.000 km pro Sekunde, und in diesem Bereich wird kein Geschöpf es jemals übertreffen. Darin besteht seine Überlegenheit. Diese Schnelligkeit ist ein Kriterium für Vollkommenheit. Um es bildhaft auszudrücken: Das Licht ist deshalb so schnell, weil es keine Last zu tragen hat. Man hat noch nie erlebt, dass sich jemand schnell bewegt mit Lasten auf seinen Schultern. Will man schnell laufen, trägt man lieber nichts. Also wird es demjenigen, der versucht, sich von seinen Lasten zu befreien – den Wünschen, Gefühlen und Gedanken, die ihn beschweren und einschränken –, eines Tages gelingen, sich so schnell wie das Licht fortzubewegen. Innerlich wird ihn nichts aufhalten können, und so wie das Licht wird er das Universum bereisen.

Ich kann diese Frage natürlich auf wissenschaftlichere Weise darlegen, wenn ich euch sage, dass das, was das Licht auszeichnet, die sehr hohe Frequenz seiner Schwingungen ist. Es ist diese Frequenz, die jeder für seine innere Welt anstreben sollte. Solange ihr diese Notwendigkeit nicht versteht, funktionieren all eure Organe, angefangen beim Gehirn, wie in Zeitlupe, was sich nur negativ auf eure körperliche und psychische Gesundheit auswirken kann. Derjenige, der in Zeitlupe lebt, ist wie ein Rad, das sich langsam dreht: Der ganze Schmutz bleibt daran hängen. Aber sobald das Rad seine Drehung beschleunigt, wird der Schmutz weggeschleudert.

Um sich den Schwingungen des Lichtes anzunähern, muss man lernen, ein intensives Leben zu führen. Vielen ist jedoch nicht klar, was ein intensives Leben ist, weil sie die Bedeutung des Wortes »intensiv« nicht begriffen haben. Aufregungen, Leidenschaften, Aufwallungen und Hektik, das ist es, was sie ein intensives Leben nennen. Nein, das ist ein Irrtum. All die Beweggründe, die im Allgemeinen die Menschen beleben, wie Ehrgeiz, Eifersucht, leidenschaftliche Liebe, die Suche nach Zerstreuung und Vergnügen, um die Leere zu füllen, die sie in sich selbst fühlen, drängen sie dazu, ein hektisches Leben zu führen, ja, aber kein intensives Leben. Von morgens bis abends regen sie sich auf, geben Befehle, schreien herum, reisen in alle Richtungen der Welt! Man kann nicht leugnen, dass sie sehr aktiv sind, aber darum geht es beim intensiven Leben nicht wirklich. Je mehr der Mensch versucht, sich anderen aufzudrängen und seine Begierden zu befriedigen, desto weniger Voraussetzungen hat er, ein intensives Leben zu führen, desto weniger gelingt es ihm, im Einklang mit dem Licht zu schwingen.

Das intensive Leben manifestiert sich meist auf unmerkliche Weise, es ist nur durch die Bewegung des Geistes intensiv. Derjenige, der ein intensives Leben führt, kann vollkommen bewegungslos und still bleiben, aber innerlich von Schwingungen belebt werden, die so schnell wie das Licht sind, und sogar schneller. Denn auch wenn es stimmt, dass auf der physischen Ebene das Licht am schnellsten ist, kann der Mensch auf der ätherischen, astralen und mentalen Ebene und jenseits dieser Ebenen viel höhere Geschwindigkeiten erreichen. Mithilfe der Gedanken, mithilfe des Geistes kann er sich mit einer Geschwindigkeit von Millionen von Kilometern pro Sekunde bewegen. Das Sonnenlicht braucht acht Minuten bis zur Erde, aber der Gedanke kann augenblicklich den am weitesten entfernten Punkt des Raumes erreichen. Die Bewegung des Geistes ist viel schneller als die des Lichts. Aber in der physischen Welt bleibt das Licht das Schnellste, was es gibt, und mit ihm müssen wir daran arbeiten, die Schwingungen unseres inneren Lebens zu intensivieren.

Sich immer schneller von der Stelle zu bewegen, alles schneller zu machen, das ist die Besessenheit der Menschen. Autos, Züge, Flugzeuge, Raketen... Was für ein Sieg jedes Mal, wenn sie einen Weg finden, eine noch höhere Geschwindigkeit zu erreichen! Und es wäre ein hoffnungsloses Unterfangen, die Maschinen und Geräte aufzuzählen, die erfunden wurden, damit sie ihre Aufgaben immer schneller erfüllen können. Sie fühlen sich, als wären sie Herr über die Zeit, und Geschwindigkeit ist für sie zum Synonym für Fortschritt geworden. Ja, aber welcher Fortschritt? Sie sparen Zeit, aber was machen sie mit der Zeit, die sie gewonnen haben?

Während sie sich immer schneller bewegen, funktionieren Seele und Geist der Menschen in Zeitlupe. Und das Schlimmste daran ist, dass sie bei ihren täglichen, unbewussten Aktivitäten dazu gedrängt werden, den gleichen Rhythmus wie ihre Maschinen anzunehmen. Aber in welchem Zustand sind diejenigen, die unaufhörlich von einem Ende des Planeten zum anderen reisen, die täglich mit allen Ecken der Welt telefonieren? Wie schaffen sie es, sich augenblicklich an die erhaltenen Informationen anzupassen und sofort geeignete Lösungen zu finden? Es ist kein Wunder, dass sie bald psychisch und physisch erschöpft sind, und dann ist es sicher, dass sie zunehmend in Zeitlupe leben werden.

Niemand kann leugnen, dass Geschwindigkeit ein Fortschritt ist, der das Dasein leichter macht. Auch ich schätze es, dass man bestimmte Dinge schneller erledigen kann, schon allein das Reisen... Aber wir sind nicht auf die Erde gekommen, um auf der materiellen Ebene Glanzleistungen zu erzielen. Wir sind auf die Erde gekommen, um über das rein menschliche Stadium hinauszugehen, um auf der Leiter der Geschöpfe immer höher hinaufzusteigen und Gottheiten zu werden. Denn der nach dem Bilde Gottes geschaffene Mensch trägt dieses Bild in sich, und er muss sich bemühen, dieses zu beleben, indem er die Bewegungen seines inneren Lebens intensiviert. Und da es das Licht ist, das uns das beste Beispiel für ein intensives Leben gibt, sollten wir es als Vorbild nehmen und bei allem, was wir tun, das Kriterium der Intensität zum Maßstab nehmen.

9

Unsere Fähigkeit, Licht zu bündeln und freizusetzen

Versucht, die Bedeutung der Arbeit mit dem Licht zu verstehen. Wenn ihr noch keine Ergebnisse erzielt, liegt das daran, dass ihr euch zu lange weit vom Licht entfernt aufgehalten habt. So viele lichtundurchlässige Elemente haben sich in euch angesammelt, dass das Licht nicht durchdringen kann, es stößt auf zu dicke Wände. Ihr müsst dem Licht helfen, sich seinen Weg zu bahnen. Indem ihr eure Gedanken, Gefühle und Wünsche reinigt, macht ihr die Wände eures Wesens immer feiner und transparenter. Bis zu dem Tag, an dem ihr in der Lage seid, selbst Licht zu bündeln und freizusetzen. Ja, wundert euch nicht: Gott, der den Menschen nach Seinem Bilde geschaffen hat, gab ihm auch diese Fähigkeit.

Vor Tausenden von Jahren entdeckten die großen Rishis Indiens das, was man die geistige Anatomie und Physiologie des Menschen nennen könnte. Sie lehrten, dass es in seiner Wirbelsäule, im Rückenmark, drei Kanäle ätherischer Natur gibt: in der Mitte Sushumna, links Ida und rechts Pingala. Durch geeignete Haltungen, Atem-, Konzentrations- und Meditationsübungen gelingt es dem Yogi, die Kraft zu erwecken, die im Muladhara-Chakra an der Basis der Wirbelsäule schlummert. Diese Kraft, welche Kundalini-Schlange genannt wird, steigt im Sushumna-Kanal auf, geht durch die Chakren Svadhisthana, Manipura, Anahata, Visuddha, Ajna, die sie in Bewegung versetzt, und erreicht schließlich das Sahasrara-Chakra auf dem Scheitelpunkt, wo sie wie ein Lichtbündel heraussprüht.

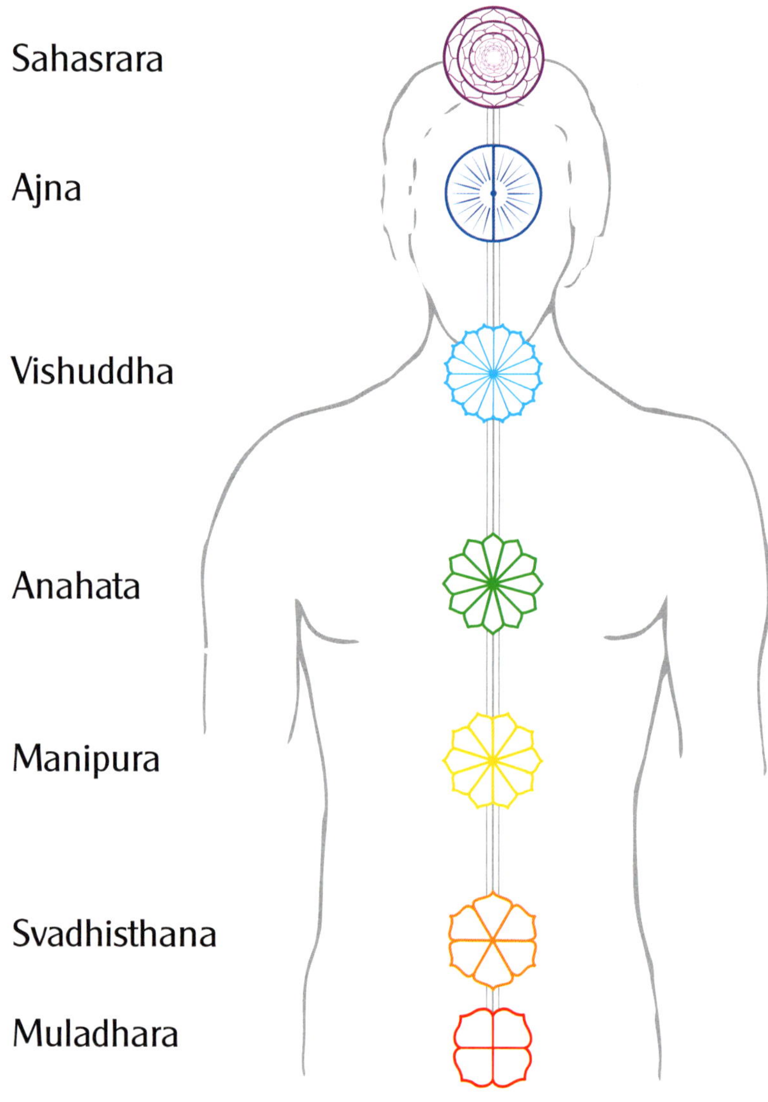

Die 7 Chakras

In der westlichen Überlieferung findet man Spuren dieser Wissenschaft, wie z.B. den Hermesstab, der heute das Symbol von Ärzten und Apothekern ist und dessen wahre Bedeutung mit der Zeit verloren ging.

Dort ist es der Stab, der den mittleren Kanal darstellt, und die beiden Schlangen stehen für die beiden Ströme Ida und Pingala, die auf beiden Seiten fließen.

In Wirklichkeit winden sich keine zwei Schlangen um den Stab, sondern nur eine einzige, die positiv und negativ polarisiert ist. Der Stab repräsentiert das männliche Prinzip und die Schlange, die Spirale, das weibliche Prinzip, welche das männliche Prinzip umschließt und umhüllt, um die Kräfte, die es besitzt, zu verstärken. Der Stab in der Mitte entspricht der Mentalebene, während die Schlange, die in Männlich und Weiblich polarisiert ist, die Astralebene darstellt; tatsächlich wird die Astralebene immer von zwei Strömungen durchflossen, von einer aufsteigenden und einer absteigenden. Das ist die tiefe Bedeutung des Hermesstabes. Er ist eine Darstellung des Menschen mit all seinen Möglichkeiten der Erhebung. Deshalb wird er von zwei Flügeln überragt.

Die Schöpfung ist eine Einheit, in der es keinen Bruch zwischen der unsichtbaren und der sichtbaren Welt und auch nicht zwischen den verschiedenen Naturreichen gibt. Daher ist der gesamte technologische Fortschritt, der im Laufe der Jahrhunderte erreicht wurde, nur die Umsetzung und die Anwendung von Prozessen auf der physischen Ebene, die auf der psychischen und der geistigen Ebene ablaufen. Die Menschen entdecken nichts und erfinden nichts, sie finden nur, mithilfe von Intuition, Vorstellungskraft oder schrittweiser Annäherung etwas, das bereits auf den feinstofflichen Ebenen existiert. Alle technischen Errungenschaften wie Radio, Fernsehen oder Telefon basieren auf denselben Gesetzen, die unseren psychischen und unseren physischen Körper bestimmen: unsere Ohren und Augen, das Gehirn, das Herz, die Lunge...

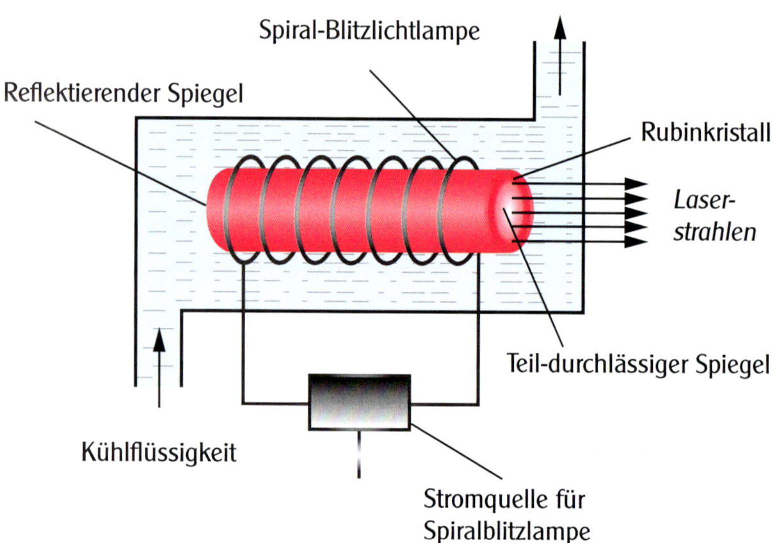

Prinzip des Rubinlasers

Das Gleiche gilt für den Laser*, dieses Gerät, das außergewöhnliche Fortschritte in unterschiedlichen Bereichen ermöglicht hat. Wundert euch also nicht, wenn ich euch sage, dass es eine Analogie zwischen dem Laser und den Phänomenen gibt, die in der Wirbelsäule eines Yogi auftreten, Phänomene, die auch der Hermesstab bildlich darstellt.

Der erste hergestellte Laser beinhaltet einen synthetischen Rubinkristall in Form eines Zylinders, an dessen einem Ende sich ein reflektierender Spiegel und am anderen Ende ein teil-durchlässiger Spiegel befindet. Dieser Kristall wird durch das Licht einer spiralförmigen Blitzlichtlampe angeregt. Wenn die Pumpintensität des Blitzes ausreichend ist, sendet das teil-durchlässige Ende des Zylinders einen Strahl von sogenanntem »Laser«-Licht aus, das eine sehr hohe Intensität hat und bemerkenswerte Eigenschaften aufweist.

Hätten die Physiker, die den Laser entwickelt haben, die Idee gehabt, den Rubinstab zu biegen, um ihm die Form eines S zu geben, das die Form der Wirbelsäule ist, hätten sie noch wirkungsvollere Ergebnisse erzielt. Ihr werdet sagen, die Form spiele keine Rolle. Nun, sie spielt sehr wohl eine Rolle. Warum breiten sich Licht und Wellen im Allgemeinen in einer sinusförmigen Bewegung aus? Und was sind das für Ströme, die der Wirbelsäule die Form eines S gegeben haben?...

Die Wissenschaft erfindet nichts: Sie entdeckt und adaptiert Prinzipien und Gesetze, die in der Natur für alle Ewigkeit wirken. Es gibt ein weiteres Beispiel, und seid nicht schockiert: In der Vereinigung von Mann und Frau tritt ein ähnliches Phänomen wie beim Laser auf; das Organ des Mannes, das die Rolle des Rubinstabes spielt, wird erwärmt und angeregt durch das der Frau, die die Rolle der Spiralblitzlampe spielt. Das Licht, das austritt, ist eine gewaltige Kraft, denn es schafft Leben: ein Kind.

* Laser ist eine Abkürzung für »Light Amplification by Stimulated Emission of Radiations«: Lichtverstärkung durch stimulierte Strahlungsemission.

Das Licht ist allmächtig, doch die Menschen wissen nicht, wie sie damit arbeiten sollen. Selbst die Spiritualisten, die immer über das Licht sprechen, wissen es nicht. Und jetzt sind es die Wissenschaftler, welche die Spiritualisten überholen, indem sie die Kräfte des Lichts enthüllen. Die Zukunft wird nichts anderes sein, als eine Erforschung der Bereiche des Lichts auf der physischen und vor allem auf der geistigen Ebene. Es ist gut, dass die Forscher ihre Arbeit in ihren so gut ausgestatteten Laboratorien fortsetzen, aber warum sollte man diese anderen Laboratorien vergessen, die die Natur in den Menschen eingerichtet hat? Und doch würden diese noch besser ausgestatteten, inneren Laboratorien es ihnen ermöglichen, sehr viel bessere Ergebnisse zu erzielen als die, die sie in der Materie erzielen. Warum sollte sich alle Macht und Herrlichkeit nur nach außen und nicht im Menschen selbst manifestieren?

So wie die indischen Yogis, so vermitteln uns die Physiker, die das Laserprinzip entdeckt haben, Kenntnisse über die Fähigkeit des Menschen, Licht freizusetzen. Aber er kann dieses Licht nur freisetzen, wenn er versucht, seine Instinkte und insbesondere den sexuellen Instinkt zu dominieren, da er weiß, dass die sexuelle Energie den gleichen Ursprung wie das Sonnenlicht hat: Es ist »die starke Kraft aller Kräfte«, von der Hermes Trismegistos spricht. Diese Kraft existiert auf den verschiedenen Ebenen: Auf der physischen Ebene manifestiert sie sich als sexuelle Energie, aber auf der spirituellen Ebene manifestiert sie sich als reines Licht.

Gott hat den Menschen, den Mikrokosmos, nach dem Bilde des Makrokosmos, des Universums, geschaffen. Daher projiziert derjenige, der fähig ist, diese starke Kraft aller Kräfte zum Gehirn, bis hin zum Sahasrara-Chakra, zu lenken, ein dem Sonnenlicht identisches Licht. Dieses Licht entströmt nicht nur der Scheitelspitze seines Schädels, sondern auch seinen Augen, seinen Händen, allen Organen seines Körpers, sogar seinen Geschlechtsorganen. Und dieses schöpferische Licht wirkt – wie die Sonne – wohltuend auf die ganze Natur und auf alle Geschöpfe im Raum. Manche werden protestieren und sagen, dass all dies anzüglich sei. Für diejenigen, die nicht wissen, wie man das Buch der lebendigen Natur rein und uneigennützig liest und interpretiert, wird dies anzüglich erscheinen. Aber was sie selbst im Geheimen in ihrem Zimmer oder anderswo tun, ist nie anstößig, nicht wahr?

Es ist schwierig, über dieses Thema zu sprechen, denn man weiß nie, wie man verstanden wird. Wenn einige Leute anfangen, sich für die Sonne zu halten, was wird dann passieren?... Deshalb bitte ich euch, euch nicht in allerlei Hirngespinste zu verlieren. Um euch in eurer Arbeit zu ermutigen, erkläre ich euch, wie die kosmische Intelligenz den Menschen angelegt hat. Es liegt an euch, mich richtig zu verstehen und euch zu bemühen, eine bessere Beherrschung des Sexualtriebs zu erlangen, um die Liebe besser manifestieren zu können. Nur die Liebe kann die Menschen auf den Weg der Evolution und der Vollkommenheit führen. Und es ist ebenso die Liebe, die sie zu ihrem Absturz führt, wenn sie nicht richtig verstanden und richtig gelebt wird.

Alchemisten und Esoteriker haben sich gefragt, was diese »starke Kraft aller Kräfte« ist, von der Hermes Trismegistos auf der Smaragdtafel spricht. Die Antwort ist einfach: Es ist die Sexualkraft, keine andere Kraft im Universum kann sich mit ihr vergleichen, da keine andere Kraft Leben erschaffen kann. Und wenn Hermes Trismegistos über sie sagt: »Die Sonne ist ihr Vater«, unterstreicht er ihren sonnenhaften Ursprung. Der Akt, durch den sich Mann und Frau vereinen, ist oft nicht sonnenhaft, aber er kann und sollte wieder sonnenhaft werden. Und nicht nur diese Handlung: Alle Handlungen des täglichen Lebens sollten wieder sonnenhaft werden, d.h. leuchtend, warm und belebend.

Mit dem Laser hat die offizielle Wissenschaft allmählich die unglaubliche Macht des Lichts entdeckt. Aber noch viel größer sind die Kräfte des geistigen Lichts. Und es ist nicht notwendig, ein brillanter Physiker zu sein, um mit ihm zu arbeiten. Ihr alle seid dazu fähig, diese Arbeit zu verrichten, die die wichtigste Arbeit ist, die ein Mensch verrichten kann. Und die Spuren, die sie hinterlässt, sind unauslöschlich.

Die Wissenschaft des Lichts war die Wissenschaft aller Eingeweihten der Vergangenheit, und sie ist diejenige von Christus. Die Welt wurde durch das Licht erschaffen, und alle, die gelernt haben, mit dem Licht zu arbeiten, können ebenso zu Schöpfern werden.

10

Das Erstrahlen des Lichtes in uns: Der Glorienleib

Wir empfangen physisches Licht durch unsere physischen Augen, und wir empfangen spirituelles Licht durch unser spirituelles Auge. Es ist dieses spirituelle Auge, von dem Jesus in den Evangelien spricht, wenn er sagt: »Wenn dein Auge lauter ist, so wird dein ganzer Leib licht sein« (Mt 6,22).

Das Schicksal eines Menschen hängt von der Klarheit seines inneren Auges ab, und diese Klarheit hängt von seiner Lebensweise ab. Sobald er versucht, ein aufrichtiges, integres Leben zu führen und erhabenste Wünsche, Gefühle und Gedanken zu nähren, dringt Licht in ihn ein, und dann sieht er nicht nur das Licht, sondern lebt auch im Licht.

Es gibt Wesen, die so sehr daran gearbeitet haben, ihr inneres Auge zu reinigen, dass man, wenn man ihnen gegenüber steht, das Gefühl hat, dass ein Licht von ihnen ausgeht. Für viele bleibt dieses Licht ein großes Geheimnis, denn sie wissen nicht, dass es das Ergebnis sehr realer Vorgänge des inneren Lebens ist. Durch Gebet, Meditation, Atemübungen und Betrachtung des Sonnenaufgangs ist es möglich, eine winzige Menge, eine Quintessenz dieses Lichtes aufzunehmen. Und diese Quintessenz ist die Materie des Glorienleibs, in dem sich der verklärte Jesus auf dem Berg Tabor manifestierte.

Die Verklärung Jesu, über die in den Evangelien berichtet wird, ist in der Tat eine Manifestation dessen, was die Einweihungswissenschaft den Glorienleib nennt. So wie die Aura, so ist auch der

Glorienleib eine Emanation des Menschen, aber mit folgendem Unterschied: Die Aura drückt ein Wesen in seiner Gesamtheit, mit seinen guten Eigenschaften und seinen Mängeln aus und kann daher leuchtend oder matt sein; der Glorienleib hingegen, welcher der Ausdruck des intensivsten geistigen Lebens ist, ist reines Licht. Er manifestiert sich in Fülle nur bei den größten Eingeweihten. Diese Manifestation ist von solch einer Intensität, dass ein Lichtstrahl aus den Tiefen ihres Wesens aufzublitzen scheint, um ihren ganzen Körper, sogar ihre Kleidung zu entflammen. Jesu »Antlitz leuchtete wie die Sonne«, sagt das Evangelium, »und seine Kleider wurden weiß wie das Licht« (Mt 17,2). In der Tat, wenn der göttliche Geist die Materie eines Menschen durchdringt und sie in Besitz nimmt, gibt er ihm Schwingungen mit, die so kraftvoll sind, dass es scheint, als würde er gänzlich mit dem Licht verschmelzen. Auf diejenigen, die Zeugen dieses Phänomens sind, kann dieses – im wahrsten Sinne des Wortes – überwältigende Auswirkungen haben, weshalb es hieß, die Jünger Jesu seien mit dem Gesicht nach unten zu Boden gefallen.

Ein Mensch, der gelernt hat, Licht aufzunehmen und es auszusenden: Das ist es, wie man einen Eingeweihten definieren kann. Aus jedem Gedanken, jedem Gefühl, jedem Wunsch, jeder Handlung, die er erfolgreich reinigt und läutert, entnimmt er eine unendlich kleine Menge Licht, und unter außergewöhnlichen Umständen kann dieses Licht nach außen dringen und sichtbar werden. Diese Erfahrung habe ich sehr früh mit Meister Peter Deunov in Bulgarien gemacht.

Einige Jahre lang organisierte der Meister Kongresse in der Stadt Tarnowo. Ein Jahr nachdem ich ihm zum ersten Mal begegnet war, lud er mich zur Teilnahme ein. Das erste Mal war ich mit einem Freund in meinem Alter dort. Wir waren die Jüngsten, hatten eine lange Reise hinter uns und kamen als Letzte an. Es war schon dunkel, als wir den Saal betraten, in dem der Meister an einem Tisch saß, umgeben von vielen Brüdern und Schwestern, die ihm zuhörten. Und plötzlich – was geschah? In dem Moment, als ich ihn sah, erschien mir der Meister von Licht durchdrungen, sein Gesicht verschmolz mit dem von Christus, als wäre der Geist Christi in ihn herabgekommen. Es war so schön, so mächtig, dass ich es nicht verhindern konnte, in Tränen auszubrechen. Niemand verstand, was mit mir geschah, denn in diesem Moment war ich sicherlich der Einzige, der diese Vision hatte. Ich konnte mich nicht mehr bewegen.

Der Meister stand dann auf, kam auf mich zu und reichte mir seine Hand, die ich küsste.* Er sah mich lange Zeit an und dann ging er hinaus. Er verstand sicherlich die Ursache meiner Erschütterung, und vielleicht fühlte er sich damals selbst auch von der Gegenwart Christi, von seinem Licht bewohnt; aber er erwähnte diesen Moment anschließend nie mehr. Später sah ich den Meister einige Male wie verklärt: Sein ganzes Gesicht war nichts anderes als Licht, das vibrierte und strahlte.

Ein Eingeweihter, ein spiritueller Meister, arbeitet lange daran, seinen Körper zum Wohnort der Gottheit zu machen. Und dann projiziert er – so wie die Sonne, die ihre Strahlen durch den Raum wirft – durch seine Schwingungen, seine Emanationen, seine Blicke, seine Worte und seine Gesten das Licht auf alles um sich herum. Ohne dass er es will oder sich dessen bewusst ist, sprudelt dieses natürliche, spontane Strahlen, das Strahlen seines tiefsten Wesens, hervor, und die Geschöpfe, die sich ihm nähern, nehmen diese Strahlung in dem Maße wahr, wie die Entwicklung ihres Bewusstseins es ihnen erlaubt. Es kann sogar geschehen, dass der Glorienleib eines Eingeweihten so mächtig ist, dass er seinen physischen Körper emporhebt und ihn durch den Raum bewegt.

Auf der ihm entsprechenden Ebene kann jeder Mensch zumindest beginnen, seinen Glorienleib zu entwickeln, denn er ist ein Samen ätherischer Natur, den wir alle bei der Geburt geerbt haben. Aber er entwickelt sich und handelt nur, wenn er genährt wird. Das ist ein Prozess, der mit dem der Schwangerschaft vergleichbar ist.

* Ein Brauch, der von der orthodoxen Religion übernommen wurde: Die Gläubigen küssen die Hände der Popen.

So wie die Mutter den vom Vater erhaltenen Keim nährt, indem sie ihm jeden Tag die für die Ausformung eines Lebewesens notwendigen Materialien hinzufügt, so hat jeder Mensch auf der geistigen Ebene die Mittel, seinen Glorienleib zu nähren. Er kann sogar auf eine sehr einfache Weise beginnen: ganz einfach mit der Ernährung. Das sollte euch nicht überraschen.

Die vier Elemente Erde, Wasser, Luft und Feuer, die den vier Aggregatzuständen entsprechen, bilden die Grundlage für die tägliche Ernährung. Und da vier Engel, welche die christliche Überlieferung als Seraphim bezeichnet, die vier Elemente leiten, können wir während der Mahlzeiten mit ihnen in Verbindung treten, indem wir sie bitten, uns dabei zu helfen, nicht nur unseren physischen Körper, sondern auch unsere psychischen und spirituellen Körper zu nähren.

Jeder dieser Engel repräsentiert besondere Eigenschaften und Tugenden. Der Engel der Erde die Beständigkeit; der Engel des Wassers die Reinheit; der Engel der Luft die Weisheit und Intelligenz; der Engel des Feuers die göttliche Liebe. Wenn wir uns während der Mahlzeiten in Gedanken mit diesen vier Engeln verbinden, wird es uns gelingen, aus jedem Nahrungsmittel Lichtpartikel aufzunehmen, die am Aufbau unseres Glorienleibes teilhaben werden.

Teil II

Die Farben, Abwandlungen des ursprünglichen Lichtes

Kapitel 1

Eine kosmische Symbolik

1

»Sieben Lichter weilen im Allerhöchsten«

Die wahre spirituelle Arbeit ist die Arbeit mit dem Licht, und in den Begriff »Licht« müssen wir auch die Farben mit einbeziehen, da sie Bestandteile des Lichtes sind. In der Geheimen Offenbarung beschreibt Johannes, wie er »vom Geist ergriffen« die Vision des Throns sah, auf dem »einer saß«, und »sieben Fackeln mit Feuer brannten vor dem Thron, das sind die sieben Geister Gottes.« (Offb. 4,2 und 4,5)

Und wir lesen auch im Buch Zohar: »Sieben Lichter weilen im Allerhöchsten, und dort lebt der Älteste der Ältesten, der Geheimnisvolle der Geheimnisvollen, der Verborgene der Verborgenen: Ain Soph.«

Die sieben brennenden Lampen, die die sieben Geister Gottes sind, sowie die sieben Lichter im Haus des Allerhöchsten sind die sieben Farben: Violett, Indigo, Blau, Grün, Gelb, Orange und Rot. Und diese sieben Farben stellen die erste Differenzierung des ursprünglichen Lichtes dar. Die sieben Geister Gottes sind:

- der Geist des Opfers, der die wahre Liebe ist, das Violett,
- der Geist der Stärke, das Indigo,
- der Geist der Wahrheit, das Blau,
- der Geist der Ewigkeit, das Grün,
- der Geist der Weisheit, das Gelb,
- der Geist der Heiligkeit, das Orange
- und der Geist des Lebens, das Rot.

2

Der Regenbogen, Zeichen des Bundes

Es steht im Buch Genesis geschrieben: »Als aber der HERR sah, dass der Menschen Bosheit groß war auf Erden und alles Dichten und Trachten ihres Herzens nur böse war immerdar, da reute es ihn, dass er die Menschen gemacht hatte« (1. Mose 6,5-6). Dann beschloss er, sie zu vernichten, indem er die Erde in einer Flut ertränkte. Nur Noah und seine Familie wurden verschont: Sie flüchteten in einer Arche, in die sie auf Befehl Gottes auch ein Paar von jeder Tierart hineingenommen hatten, und segelten auf den Wassern.

Als sich diese Wasser endlich zurückzogen und die Erde wieder erschien, kamen sie aus der Arche heraus. Dann sprach Gott zu Noah: »Das ist das Zeichen des Bundes, den ich geschlossen habe zwischen mir und euch und allem lebendigen Getier bei euch auf ewig: Meinen Bogen habe ich gesetzt in die Wolken; der soll das Zeichen sein des Bundes zwischen mir und der Erde« (1. Mose 9,12-13). Dies ist den alten Hebräern zufolge der Ursprung des Regenbogens. Wenn er nach dem Gewitter auftaucht, sagen die Menschen zueinander: »Oh, schau dir den Regenbogen an!« oder »Hast du den Regenbogen gesehen?« Und sie sind glücklich, die prächtigen Farben zu betrachten, die durch die Brechung der Sonnenstrahlen in den Regentropfen entstehen. Einige, die es als gutes Omen interpretieren, sprechen sogar einen Wunsch aus. Aber wer denkt an die Worte, die Gott zu Noah sagte: »Meinen Bogen habe ich gesetzt in die Wolken; der soll das Zeichen sein des Bundes zwischen mir und der Erde«?

Der Regenbogen stellt somit die Verbindung zwischen Himmel und Erde her. Die alten Griechen nannten ihn den Schal von Iris, die die Botin der Götter war. Die Menschen verbinden die Vorstellung Gottes mit dem Licht, aber es ist selten, dass sie die Vorstellung der Farben mit Ihm verbinden, und sie glauben nicht, dass die Farben ihnen helfen können, sich mit Ihm zu verbinden.

3

Die Farben: eine Sprache der Natur

Überall und immer lehrt uns die Natur die gleichen Wahrheiten, aber sie benützt dafür mehrere Sprachen, wobei die wichtigsten Sprachen Bewegung, Form, Ton und auch Farbe sind. Die Natur, eine Emanation des Schöpfers, manifestiert sich im Wesentlichen durch diese vier Ausdrucksformen und ihre vielfältigen Kombinationen. Durch Bewegung, Form, Ton und Farbe ist es immer der Schöpfer als einzige Realität, der sich offenbart. Es ist daher wichtig, dass man diese Sprachen vertieft und interpretiert, um zu verstehen, was Er uns durch sie sagt.

Die »chromatische« Sprache der Farben umfasst also sieben Hauptbuchstaben: Violett, Indigo, Blau, Grün, Gelb, Orange und Rot, die in der Offenbarung durch die sieben Geister vor dem Thron Gottes dargestellt werden. Doch die Farben haben mehrere Nuancen, sodass auch sie unterschiedliche Bedeutungen haben. Zum Beispiel kann das Rot die Liebe symbolisieren, das Orange die Gesundheit, das Gelb die Fruchtbarkeit, das Grün, das die häufigste Farbe in der Natur ist, den Reichtum, die Hoffnung und den Wunsch nach Entwicklung, das Blau den Glauben und den Frieden (und Indigo kann die gleiche Symbolik wie Blau haben) und Violett die göttliche Allmacht. Jeder dieser sieben Farben entspricht auch eine der sieben Noten der Tonleiter, denn es gibt eine Entsprechung zwischen ihren Schwingungen. Dem Rot entspricht das c, dem Orange das d, dem Gelb das e, dem Grün das f, dem Blau das g, dem Indigo das a, dem Violett das h.

Im Mineral-, Pflanzen-, Tier- und Menschenreich hat jedes Geschöpf, jedes Element eine oder mehrere Farben. Diese Farben, ebenso wie ihre Schwingungen, sind Studienobjekte für den Geologen, Chemiker, Physiker, Arzt, Landwirt, Dichter, Maler und so fort.

Ohne dass wir uns dessen wirklich bewusst sind, finden wir jeden Tag bestimmte Hinweise in den Farben: Die Farben des Himmels sagen uns, welches Wetter wir haben oder bekommen werden, die der Vegetation informieren uns über den Verlauf der Jahreszeiten, die einer Frucht informieren uns über ihre Reife...

Was die menschlichen Gesichter betrifft, so können sie von rot bis violett alle Schattierungen der Palette aufweisen, und für jede Farbe gibt es eine Erklärung. Unter dem Einfluss von Verlegenheit, von Verwirrung oder Zorn kann ein Gesicht rot werden. Und am Ende einer Mahlzeit kann diese Farbe auf den Wangen von jemandem erscheinen, der zu viel gegessen oder getrunken hat, sogar bis hin zum Violett. Das Gesicht eines Menschen, der zu hart gearbeitet hat, zu viel gelernt hat oder dessen Leber nicht richtig funktioniert, färbt sich gelb, und es gibt auch eine Krankheit namens Gelbsucht. Wir genießen es, die rosa Wangen eines Kindes zu betrachten, weil es ein Zeichen für gute Gesundheit ist, und wir machen uns Sorgen, wenn wir die grauen eines Kranken sehen. Auf dem Gesicht eines Menschen, der sehr verschreckt ist, erscheint manchmal ein grünlicher oder bläulicher Farbton, und im Französischen gibt es den Ausspruch: eine »blaue Angst« haben, was so viel heißt wie »eine Heidenangst haben«. Man kann auch blau vor Kälte werden; und ihr kennt sicher die Krankheit Zyanose oder Blausucht, die durch eine Fehlbildung von Herz und Blutgefäßen verursacht wird. Die Abwesenheit von Farbe, ein fast weißes Gesicht, ist ebenfalls aufschlussreich.

Allein auf menschlichen Gesichtern können wir die ganze Palette der Farben beobachten, mehr oder weniger dunkel oder hell: Sie sind ein Hinweis nicht nur für Ärzte, sondern auch für diejenigen, die sich für die tiefere Natur der Menschen interessieren. Wenn ich mit euch über Farben spreche, verbinde ich sie meist mit guten Eigenschaften und Tugenden, deren Ausdruck sie sind, und diese Farben sind rein und klar. Aber in einem Menschen, der keine Kontrolle über seine Innenwelt hat, wirken diese Farben verschwommen und stumpf. Es gibt Rottöne, die offenbaren, dass er anfällig ist für Zorn und Gewalt, Gelbtöne, dass er nicht klar denken kann, Grüntöne, dass er von Sinnlichkeit und Begierden beherrscht wird, Blautöne, dass er den Glauben verloren hat oder dass er in der Lüge lebt, usw. Man darf nie die Lehre der Farben außer Acht lassen.

4

Die Farben in Bezug auf die vier Elemente, die Tierkreiszeichen und den Sephirothbaum

Die Weisen der Vergangenheit, die sich bewusst waren, dass die Farben eine der Sprachen der Natur sind, brachten sie in Verbindung mit den vier Elementen, die die vier Prinzipien der Materie bilden. Mit der Erde verknüpften sie das Rot, mit dem Wasser das Grün, mit der Luft das Blau und mit dem Feuer das Gelb.

Im Tierkreis sind die Zeichen nach den vier Elementen, also nach den vier Farben aufgeteilt. Diese sind:

- für die Erde (dem Rot): Stier, Jungfrau und Steinbock
- für das Wasser (dem Grün): Krebs, Skorpion und Fische
- für die Luft (dem Blau): Zwillinge, Waage und Wassermann
- für das Feuer (dem Gelb): Widder, Löwe und Schütze.

Wenn man nun die Zeichen in der Reihenfolge des Tierkreises ordnet, wie z. B. Widder (Feuer, gelb), Stier (Erde, rot), Zwillinge (Luft, blau), Krebs (Wasser, grün), Löwe (Feuer, gelb), Jungfrau (Erde, rot) usw., entdeckt man, dass die vier Elemente über das Jahr hinweg eins nach dem anderen, Feuer, Luft, Wasser und Erde, zu Wort kommen und sich manifestieren können. Und wir können unsererseits ihren Einfluss aufnehmen, indem wir mit den Farben arbeiten, die ihnen jeweils entsprechen.

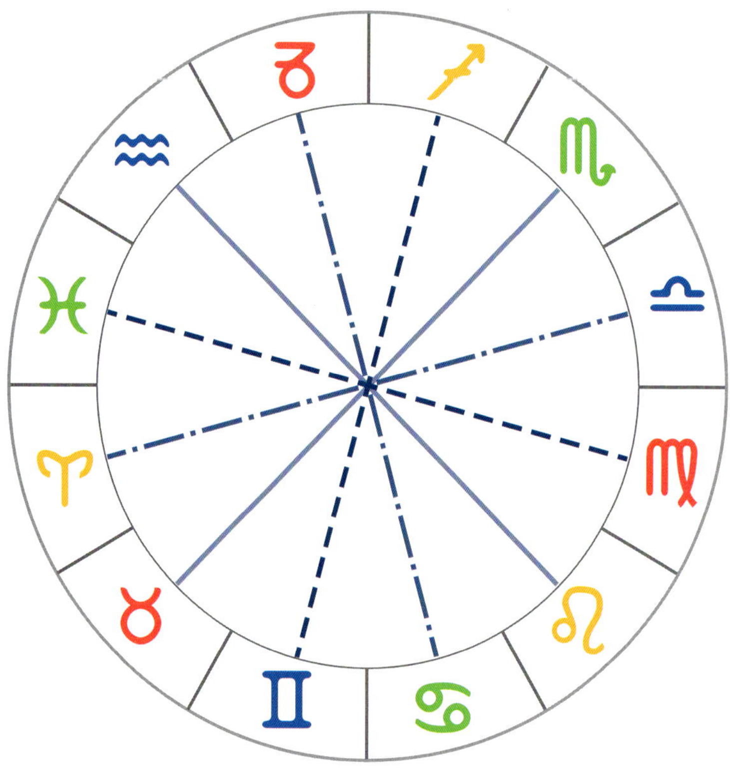

Die drei Kreuze der vier Elemente (Feuer, Luft, Wasser, Erde) im Zodiak dargestellt

Unter den vier Elementen haben Wasser und Feuer aus symbolischer Sicht betrachtet einen besonderen Platz. Sehen wir uns das folgende Schema an, das die beiden Dreiecke Feuer und Wasser zusammen darstellt.

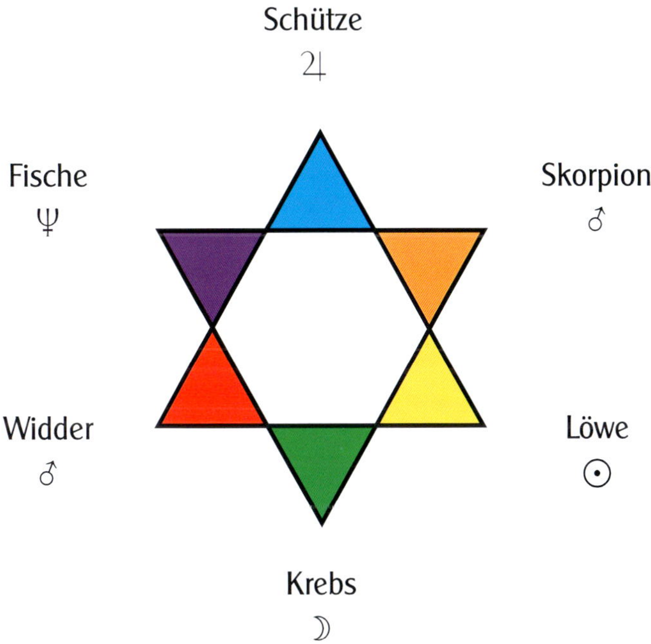

Das Feuerdreieck enthält die drei Farben Rot, Gelb und Blau. Hier entspricht das Rot dem Widder, das Gelb dem Löwen und das Blau dem Schützen. Diese Entsprechungen sind hier im Einklang mit der Natur der Planeten, die dort ihr Haus haben: Widder ist das Haus des Mars, des roten, aktiven, energischen, kämpferischen Planeten. Löwe ist das Haus der Sonne, das Goldgelb, die Großzügigkeit, das Strahlen, die Opferbereitschaft. Schütze ist das Haus von Jupiter, des Planeten der Religion, der hohen Spiritualität, des Blau.

Das Wasserdreieck wird durch die Zeichen Krebs, Skorpion und Fische gebildet. Grün ist die Farbe von Krebs, das Haus des Mondes, der über die Vorstellungskraft und die Sensibilität herrscht. Orange ist die Farbe des Skorpions, ein weiteres Haus von Mars, das Haus der Unabhängigkeit, aber auch des Über-sich-selbst-Hinauswachsens, des Sieges über die Instinkte. Violett ist die Farbe der Fische, das Haus des Neptuns, ein mystisches Haus an der Grenze der beiden Welten.

Lange Zeit berücksichtigten die Astrologen nur fünf Planeten: Merkur, Venus, Mars, Jupiter, Saturn und zwei Lichtquellen: Sonne und Mond. Der Sonne ordnen sie das Orange zu, dem Mond das Violett, Merkur das Gelb, Venus das Grün, Mars das Rot, Jupiter das Blau und Saturn das Indigo. Erst viel später wurden Uranus, Neptun und Pluto nacheinander entdeckt.

Ordnen wir diese Planeten nun dem Sephirothbaum, dem Baum des Lebens zu, der für die Kabbalisten eine Darstellung des Universums ist.

Die Erde ist mit der Sephira Malkuth verbunden, der Mond mit Jesod, Merkur mit Hod, Venus mit Netzach, die Sonne mit Tiphereth, Mars mit Geburah, Jupiter mit Chesed, Saturn mit Binah. Vor der Entdeckung von Uranus und Neptun ordneten die Kabbalisten den Tierkreis Chokmah zu und die ersten Wirbel Kether. Die Farbe von Chokmah ist goldgelb, die Farbe des Lichtes, die Farbe Christi, mit dem sich Jesus identifizierte, als er sagte: »Ich bin das Licht der Welt.« Die Farbe von Kether, der ersten Sephira, ist das Weiß, das potenziell alle anderen Farben enthält. Manchmal wird das Violett Kether zugeschrieben, weil es die mystischste Farbe ist, diejenige mit den intensivsten Schwingungen, und das Weiß wird Jesod zugeordnet, weil der Mond weiß ist; alles hängt davon ab, aus welchem Blickwinkel man die Dinge betrachtetet. Was Malkuth betrifft, die zehnte Sephira, zu der die Erde gehört, so gibt man ihr die vier Farben Gelb, Blau, Grün und Rot, die Farben der vier Elemente, die die physische Materie bilden.

Auf der mittleren Säule des Sephirothbaumes, unterhalb von Kether, ordnen die Kabbalisten eine elfte Sephira ein, Daath. Diese Sephira erwähnen sie nur selten, weil sie das Chaos, den kosmischen Abgrund, die ursprüngliche Finsternis, das »tohu vabohu« der Genesis darstellt, dem man sich nur nähern kann, wenn man das wahre Wissen, die wahren Kräfte besitzt. Deshalb wird die Sephira Daath mit Pluto in Verbindung gebracht, einem Planeten, der in der griechischen Mythologie den Namen des Höllengottes trägt und dem man die Farbe Schwarz zuordnen kann.

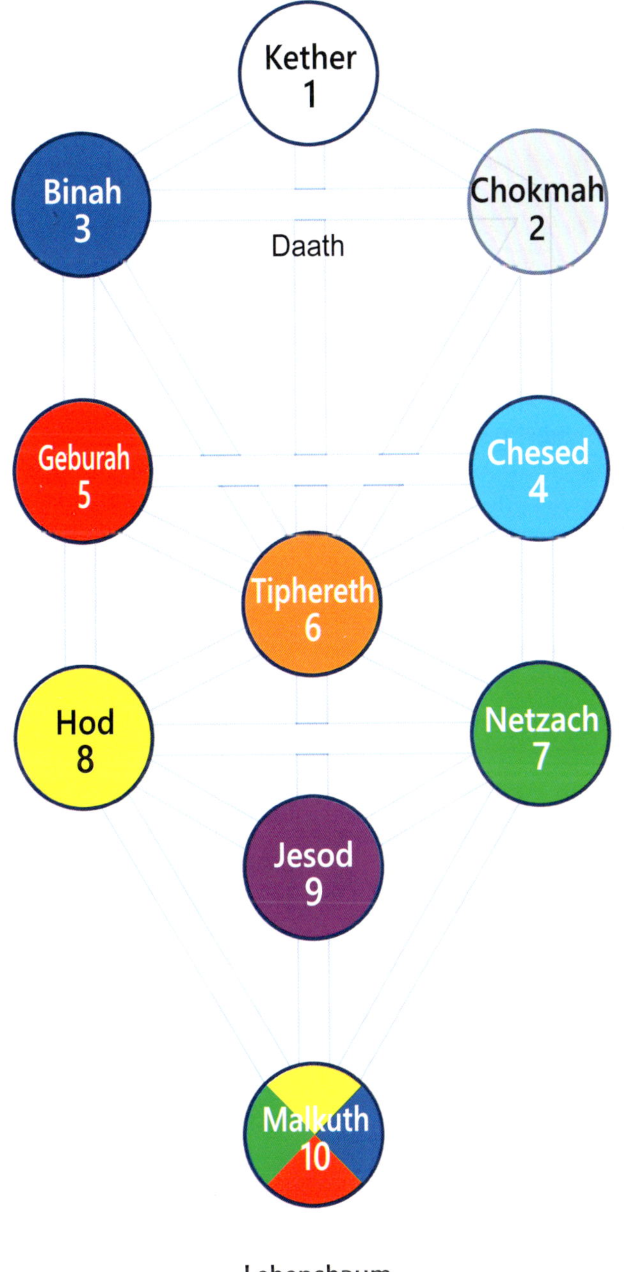
Kether
1
Binah
3
Chokmah
2
Daath
Geburah
5
Chesed
4
Tiphereth
6
Hod
8
Netzach
7
Jesod
9
Malkuth
10

Lebensbaum

5

Die Auffächerung des Lichtes durch das Prisma

1 – Die Einheit der Schöpfung

Nehmen wir einen Strahl aus weißem Licht: Er repräsentiert die Zahl 1. Indem er durch ein gleichseitiges Prisma, die Zahl 3 geht, ergibt er die 7, die sieben Farben. Ist es nicht außergewöhnlich zu sehen, wie aus dieser Einheit, dem weißen Licht, eine solche Vielfalt hervorgeht? Vom Violett zum Rot und vom Rot zum Violett folgen auf der Schwingungsskala die Farben des Spektrums ohne Unterbrechung aufeinander. Nichts kann diesen Übergang von der Einheit zur Vielfalt und von der Vielfalt zur Einheit so gut darstellen wie das Licht. Und seht euch jetzt diese Farben an und versucht dabei zu unterscheiden, wo das Rot endet und das Orange beginnt. Versucht zu unterscheiden, wo sie sich trennen, wo die Grenze ist. Ihr werdet sie nicht finden, es gibt keine. Licht ist nicht nur der Urstoff des Universums, sondern es offenbart uns darüber hinaus die Einheit der Schöpfung.

Die Schöpfung ist eine ununterbrochene Einheit. Selbst wenn wir Unterschiede, Brüche beobachten, gibt es nirgendwo wirklich eine absolute Trennung zwischen den verschiedenen Naturreichen, und diese Feststellung ist sehr lehrreich. Wenn man zum Beispiel die Dinge aus der Ferne und von außen betrachtet, kann man sagen: »Das ist gut..., das ist schlecht...«, aber man weiß nicht, in welchem Augenblick man die Grenze überschreitet, man unmerklich von einem zum anderen übergeht.

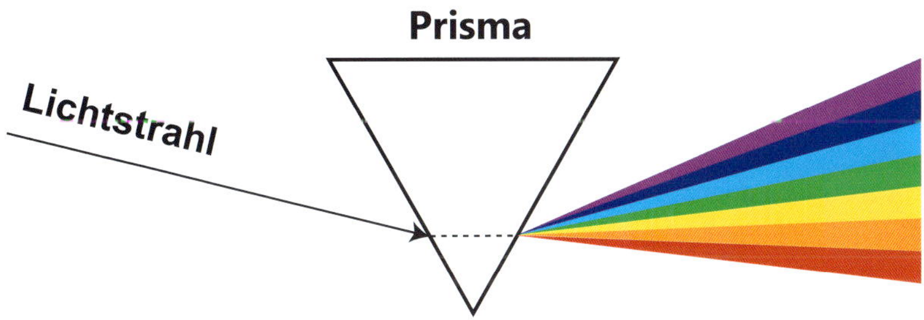

Auch in Bezug auf die Seele und den Körper ist es nicht möglich zu unterscheiden, wo der Körper endet und wo die Seele beginnt. Und wie kann man die Grenzen des Äther-, Astral- und Mentalkörpers festlegen? Sie sind von unterschiedlicher Natur, das ist sicher, aber niemand kann sagen, wie diese Körper miteinander verbunden sind oder wo sich die Grenze befindet.

In allen Bereichen ist es möglich, auf- und abzusteigen, der Weg ist frei. Darüber sollten wir uns freuen, denn das bedeutet, dass wir die Leiter bis ganz nach oben zum Gipfel hinaufsteigen können. Im Inneren fühlen wir uns manchmal plötzlich wie in den Himmel versetzt und sind glücklich und zuversichtlich. Aber ein paar Stunden später fallen wir auf die Erde zurück oder noch tiefer, in die sogenannte Hölle, wo alles Traurigkeit, Leid und Verzweiflung ist. In Wirklichkeit steigen wir unablässig hinauf und hinunter, alles hängt von der Intensität unserer Schwingungen ab.

Die Wellenlängen der Lichtschwingungen bilden eine kontinuierliche Folge von der längsten (rot) bis zur kürzesten (violett). In einer zweidimensionalen Umgebung kann man dieses Band, das die Wellenlängen abbildet, einer spiralförmigen Kurve zuordnen, die im dreidimensionalen Raum die Form eines Kegels annimmt.

2 – Das Prisma: Verstand, Herz, Wille

Die Zerlegung des Lichts durch das Prisma basiert daher auf drei bedeutsamen Zahlen: 1, 3 und 7. Die Zahl 1 stellt den Lichtstrahl dar, der auf eine der Flächen des Prismas fällt; die Zahl 3 stellt das Prisma selbst mit seinen drei gleichgroßen Flächen dar, wenn es gleichseitig ist; die Zahl 7 stellt die daraus hervorgehenden Farben dar.

Man kann eine Übereinstimmung zwischen den drei Seiten des Prismas und den drei Prinzipien finden, die das Verhalten eines Menschen bestimmen: den Verstand, das Herz und den Willen. Damit der Mensch für das von oben kommende Licht durchlässig ist und die sieben Farben harmonisch aus ihm hervorstrahlen, muss er selbst zu einem transparenten und gleichseitigen Prisma werden, was bedeutet, dass er nicht nur seinen Verstand, sein Herz und seinen Willen reinigen, sondern dass er alle drei jeweils gleichermaßen entwickeln sollte. Auf diese Weise werden seine Gedanken und seine Gefühle ihn zu segenbringenden und aufbauenden Handlungen inspirieren. Die Menschen, die gelernt haben, gleichermaßen ihren Verstand, ihr Herz und ihren Willen zu entwickeln, strahlen die sieben Farben, d.h. die sieben Tugenden aus.

Wir brauchen das Licht nicht zu erschaffen, es ist von Ewigkeit an da, bereit, in uns seinen Platz einzunehmen. Wir sind diejenigen, die noch nicht ausreichend entwickelt und gereinigt sind, um bereit zu sein, die göttlichen Kräfte und Tugenden zu offenbaren. Deshalb sollten wir jeden Tag jede Gelegenheit nutzen, um unseren Verstand zu öffnen, unser Herz zu reinigen und unseren Willen zu stärken. Wenn dieses Prisma aus Herz, Verstand und Wille einmal perfekt entwickelt ist, wird das Licht in unser Inneres vordringen und in sieben Farben wieder zurückstrahlen.

3 – Die Verteilung der Farben im menschlichen Organismus

Wenn man einen Blick auf die Funktionen unseres physischen Organismus wirft, kann man auch feststellen, dass jede einzelne das Phänomen des Prismas reproduziert. Wenn wir essen, steht die Nahrung für die 1, das Sonnenlicht. Für das Prisma steht der Magen, der in gutem Zustand sein muss, um die Nahrung verdauen zu können, d.h. um die sieben Kräfte, die sieben Farben, im ganzen Körper verteilen zu können. Er sendet das Rot in die Muskulatur, das Orange in den Kreislauf, das Gelb in das Nervensystem, das Grün in das Verdauungssystem, das Blau in die Atmungsorgane, das Indigo in das Knochensystem und das Violett in die endokrinen Drüsen und die Chakras.

Dasselbe gilt für das Atmen. Die Luft steht symbolisch für das Licht, und das Prisma wird durch die Atmungsorgane (Nase und Lunge, deren Rolle hier mit der des Magens vergleichbar ist) dargestellt. Wenn das gereinigte und mit Sauerstoff beladene Blut die Lunge verlässt, verteilt es die sieben Kraftstrahlen im ganzen Körper.

Ein ähnliches Phänomen tritt beim Sehen und Hören auf: Bilder werden von den Augen und Töne von den Ohren aufgenommen, wie durch Prismen, die sie zerlegen und in Form von Wahrnehmungen und Eindrücken übermitteln. So kann alles, was in den Menschen eindringt, alles, was von ihm aufgenommen oder wahrgenommen wird, mit einem Lichtstrahl verglichen werden, der auf die Seite eines Prismas trifft und aus ihm hervortritt, um verteilt zu werden. Überall laufen analoge Prozesse ab.

Betrachten wir nun, wie die Verteilung unter dem Gesichtspunkt der Menge vonstattengeht. Wenn der Magen die Energien verteilt, die er aus der Nahrung aufgenommen hat, sendet er vier Teile davon in den Bauchbereich und in die Geschlechtsorgane, zwei Teile an die Lunge und das Herz und nur einen Teil an das Gehirn. Um diese Verteilung zu verstehen, muss man sich eine andere Aufteilung in drei Bereiche in Erinnerung rufen, welche die Einweihungswissenschaft im Allgemeinen verwendet: Kopf, Oberkörper und Bauch. Der Kopf entspricht der göttlichen Welt, der Welt der Intelligenz; der Oberkörper (Lunge und Herz) entspricht der astralen Welt und der Bauch (Verdauungs- und Geschlechtsorgane) entspricht der physischen Welt.

Der Magen, der die Nahrung aufnimmt und sie verteilt, behält vier Teile für seine Region, schickt zwei Teile an Herz und Lunge und einen an das Gehirn weiter. Die Lunge, die die Luft empfängt, sendet zwei Teile davon an den Bauch, zwei Teile an das Gehirn und behält drei Teile für sich und das Herz. Wenn schließlich das Gehirn Sonnenenergie empfängt, behält es vier Teile für sich, schickt zwei Teile an das Herz und die Lunge weiter und nur einen an den Bauch. Die spirituellen Elemente, die sehr wenig Abfall hinterlassen, gelangen in sehr kleinen Mengen in den Magen, während das Nervensystem fast das Gesamte aufnimmt. Umgekehrt geht fast die gesamte Energie, die durch Essen und Trinken produziert wird, an die Muskulatur und den Bauch und nur sehr wenig an das Gehirn.

Das Prisma sagt uns also, dass wir so transparent wie der Kristall werden und dieses Dreieck, das in uns Kopf, Lunge und Bauch bildet, harmonisch entwickeln müssen. Dann wird uns das Licht durchfließen und in einem Strahl aus sieben sehr reinen Farben wieder austreten.

4 – Weitere Lehren aus dem Prisma

Das Prisma lehrt uns noch viel mehr! Wenn sich ein Mann und eine Frau vereinen, um ein Kind zu bekommen, ist das, was der Mann der Frau gibt die 1, symbolisch das Licht, und die Frau stellt die 3, das Prisma, dar und produziert die 7 Kräfte, die 7 Farben: einen vollständigen Menschen. Dem liegt die gleiche Gesetzmäßigkeit zugrunde. Wenn die Frau an Missbildungen oder psychischen Beschwerden leidet, wird sie keinen Strahl reiner und harmonischer Farben erzeugen, d.h. einen wohlgeformten Menschen, im Besitz all seiner Fähigkeiten und Qualitäten. Aber auch der Vater hat eine Verantwortung, denn der Vater gibt der Mutter nicht immer etwas so Reines und Strahlendes wie das Sonnenlicht. Sicher ist, dass er etwas gibt, und dieses Licht des Vaters, strahlend oder stumpf, welches das mehr oder weniger vollkommene Prisma der Mutter durchquert, erzeugt ein mehr oder weniger wohlgebildetes Kind. Auch hier spielen die Entsprechungen eine absolute Rolle.

Und wenn ein spiritueller Meister sich an seine Schüler wendet, sind die Worte, die er sagt, mit dem Sonnenlicht vergleichbar, und die Schüler mit Prismen. Wenn die Worte des Meisters von Weisheit und Liebe durchdrungen und die Schüler gute Prismen sind, d.h. wenn sie wach und aufmerksam sind, wenn der Verstand und das Herz gut aufnahmefähig sind, werden großartige Kinder geboren werden, d.h. Gedanken, Wünsche, Projekte, die zum Wohle aller beitragen. Licht allein reicht nicht aus, es muss von guten Prismen empfangen werden, sonst gibt es kein Ergebnis. Und es können sogar große Missverständnisse auftreten, wenn die Schüler etwas ganz anderes verstehen, als das, was der Meister ihnen sagen will.

Das ganze Leben hindurch kann die Vielzahl der Affinitäten und Entsprechungen, die das Leben ausmachen, mit dem Bild des Lichtstrahls dargestellt werden, den ein Prisma in sieben Farben zerlegt. Wenn wir den Sonnenaufgang betrachten, empfangen wir diese Energien mithilfe eines Zentrums, das sich direkt über der Milz befindet. Die Energien kommen in Form von winzigen leuchtenden Kugeln zu uns, und dieses Zentrum, das sie absorbiert, teilt sie in sieben Farbstrahlen auf, sendet sie in den Organismus und verteilt sie folgendermaßen: die roten und orangefarbenen für die Geschlechtsorgane, die gelben für Herz und Lunge, die grünen für Magen, Leber, Darm und Nieren, die blauen für Hals und Nase, die violetten für das Gehirn. Da die Hauptfunktionen der Milz darin bestehen, die roten Blutkörperchen zu produzieren und das Funktionieren des Immunsystems zu gewährleisten, ist es nicht verwunderlich, dass das ätherische Zentrum der Vitalität direkt darüber liegt. Um die von der Sonne kommenden Energieströme einzufangen, solltet ihr eure Aufmerksamkeit daher auf dieses Zentrum richten: Ihr werdet es empfänglicher machen und eure Energie wird zunehmen.

Und hier ist eine weitere Übung, die ihr morgens machen könnt, während ihr den Sonnenaufgang betrachtet. Stellt euch vor, dass ihr ein Prisma seid und dass es euch gelingt, euch so gut nach innen auszurichten, dass ihr einen dieser Sonnenstrahlen absorbiert: Dieser Strahl wird anschließend in sieben wunderbaren Farben wieder um euch herum aufleuchten.

Kapitel 2

Licht und Farben, die Wissenschaft der Zukunft

1

Die Farben in uns lebendig machen

Jahrelang organisierte Meister Peter Deunov Kongresse in der Nähe der Stadt Tarnowo. Eines Sommers, als wir ankamen, waren wir überrascht, als wir feststellten, dass die Wände des Versammlungsraumes mit Seide in verschiedenen Farben bedeckt waren; und dort hingen auch wunderbare Gemälde mit Symbolen und geometrischen Figuren. Im Laufe dieses Kongresses offenbarte uns der Meister, dass die Wissenschaft der Zukunft die des Lichts und der Farben sein wird. Denn das Licht ist die größte Kraft, die es gibt: Dank ihm sind Steine, Pflanzen, Tiere und Menschen lebendig, und Welten kreisen im Raum. Was die Farben betrifft, so sollte man nie vergessen, dass es sich um Varianten des Lichtes handelt.

Der Meister schrieb ein Buch: »Das Testament der farbigen Strahlen des Lichts«, in dem er erklärt, dass die Farben die Manifestationen von Wesenheiten sind, die im Universum wirken. Mit jeder der sieben Farben sind Geister verbunden, die zu mächtigen Hierarchien gehören, und die Eingeweihten wissen, wie man kraft der Gedanken Strahlen aus farbigem Licht erzeugt, in denen himmlische Geschöpfe kommen und gehen. Es gibt Verse in der Bibel, die, wenn man weiß, wie man sie ausspricht, verschiedene Farben hervorbringen; und wenn man sie im Beisein kranker Menschen rezitiert, bessert das deren Zustand. Dies gilt auch für einige Verse des Koran. Als ich noch in Bulgarien lebte, wohnte ich manchmal einer solchen Heilbehandlung bei, und ich sah, wie sich die Patienten erholten, dank dieser Verse, welche die türkischen Hodjas an ihrem

Bett lasen. Alle heiligen Bücher enthalten Worte, die wunderbar wirken können, weil diese Worte die Kraft des göttlichen WORTES, des Logos, besitzen und das göttliche WORT Licht ist.

Der Meister versuchte, uns zu verstehen zu geben, dass es nicht ausreicht, sich allein aus ästhetischen Gründen für Farben zu interessieren oder um der Freude willen, die sie uns bereiten. Er wollte, dass wir uns von ihnen durchdringen lassen und dabei erforschen, wie sie sich auf uns auswirken. Natürlich, wenn wir versuchen, uns mit schönen Farben zu umgeben, beeinflussen sie uns positiv, aber es bleibt oberflächlich. Wenn wir hingegen wissen, dass sie mit Wesenheiten verbunden sind, können wir sie in uns zum Leben erwecken, indem wir uns auf sie konzentrieren: Sie helfen uns, die Tugenden zu manifestieren, deren Ausdruck sie sind, und sie unterstützen uns in unseren Bemühungen. Denn so wie die Farben Variationen von Licht sind, sind die Tugenden Variationen der göttlichen Vollkommenheit, die sie alle enthält.

Bevor ich den Meister traf, arbeitete ich bereits mit Farben. Um die genaueste Darstellung zu erhalten, benutzte ich ein Prisma, das ich nach dem Sonnenstand ausrichtete.

Wenn es mir einmal gelungen war, mich mit einer Farbe zu durchtränken, konnte ich sie visualisieren und mir vorstellen, dass ich in sie eingetaucht war, dass ich von ihr durchströmt war. Farben sind Kräfte, die auf das Gehirn und über das Gehirn auf den ganzen Körper wirken. Ich entdeckte, dass wir vom Rot zum Violett und vom Violett zum Rot auf alle Körperteile, auf alle lebenswichtigen Zentren einwirken können. Es gibt kein Organ, das nicht von einem der sieben Strahlen berührt werden kann.

Später beschloss ich, um die Auswirkung der Farben besser zu studieren, die Fenster in meinem Zimmer farbig anzustreichen. Ich begann mit Rot, dann Orange usw. Ich meditierte in diesem, in ein farbiges Licht getauchten Raum und beobachtete einige Tage lang, wie sich diese Farbe auf mich auswirkte, dann wusch ich alles ab und wechselte zu einer anderen Farbe. Bei Violett fühlte ich mich, als würde ich meinen Körper verlassen. Ich lud Freunde ein, um die Wirkung dieser Farbe auf sie zu beobachten: Sie schliefen ein;

und die Blumen welkten beinahe sofort: Das Violett tötete sie. Ich möchte hinzufügen, dass es für die richtige körperliche und sogar psychische Entwicklung von Kindern besser ist, ihnen keine violette Kleidung anzuziehen.

Die Farben sind ein so reichhaltiges Gebiet! Ich kann euch nicht einmal alles erzählen, was ich entdeckte, was ich fühlte, was ich durch die Konzentration auf die Farben erlebte. Ich ließ mich von ihnen durchdringen, verstärkte sie in mir und um mich herum, und dann projizierte ich sie in den Raum. Damals verstand ich, dass das Wissen über die verschiedenen Strahlen und deren Anwendung höheres Wissen ist.

Zu dieser Zeit begann ich auch, an der geometrischen Figur der Mystischen Rose zu arbeiten.*

Mystische Rose

* Siehe Band 906 »Erhebende Gedanken – Die Meditation«, Teil IV, Kapitel 17: »Die Mystische Rose«.

Mit diesen sechs Farbkreisen kann die Mystische Rose als eine Darstellung der sechs Schöpfungstage interpretiert werden, die im Buch Genesis beschrieben werden…, sechs Tage, die offensichtlich Milliarden von Jahren gedauert haben! Ein siebter Kreis verläuft durch das Zentrum der anderen sechs: Es ist das weiße Licht, aus dem die anderen sechs Lichter hervorgehen. Aber man kann in diesem siebten Kreis auch eine Darstellung des siebten Tages sehen, des Tages, von dem gesagt wird, dass Gott ruhte. Als ob Gott Ruhe bräuchte! In Wirklichkeit war diese Ruhe Gottes eine andere Arbeit, die auf einer weit höheren Ebene stattfand, als die der ersten sechs Tage, die nur als Vorbereitung dienten.

2

Eine Nahrung für unser psychisches Leben

Sicherlich habt ihr schon folgende Erfahrung gemacht: Ihr fühltet euch innerlich leer, ohne Lust und Energie, etwas zu tun, so, als ob eure Seele austrocknen oder an Hunger sterben würde. Dann bemerktet ihr zufällig ein schönes Licht, schöne Farben am Himmel oder in einer Landschaft oder einen Garten mit prächtigen Blumen. Dann, plötzlich, als ob eure Seele die Nahrung erhalten hätte, die ihr fehlte, habt ihr euch wieder aufgerichtet. Lernt daher von neuem, sensibler auf die Lichteffekte und Farben der Natur zu reagieren, schon allein auf die Farben einer Blume, die ihr im Vorbeigehen seht.

Und wenn ihr findet, die Meditation sei eine schwierige Übung, dann konzentriert euch zunächst auf die Farben, die bereits real in der Wirklichkeit vorhanden sind. Wie ich schon oft gesagt habe: Um eine Vorstellung davon zu bekommen, was wahre Farben sind, versucht zumindest zu Beginn, ein Prisma zu benutzen und es nach dem Sonnenstand auszurichten; wählt dann die Farbe, zu der ihr die größte Affinität spürt oder folgt der Reihenfolge des Spektrums, vom Violett zum Rot oder vom Rot zum Violett. Versucht zu analysieren, wie jede Farbe auf euch wirkt und welche Empfindungen sie in euch auslöst. Eines Tages werdet ihr wissen, wie man sie in den verschiedenen Situationen des täglichen Lebens verwendet. Wenn ihr innere Probleme zu lösen habt, wenn ihr in einer schwierigen Situation seid, wenn ihr Familienmitgliedern, Freunden oder anderen, die ihr trefft, etwas Gutes bringen wollt, werdet ihr spüren, welche Farbe ihr auswählen sollt.

Vernachlässigt die Unterstützung nicht, die euch die Farben geben können. Alles, was das Licht an Kraft und an Reichtum enthält, werdet ihr entdecken, wenn ihr gelernt habt, mit den sieben Farben zu arbeiten, deren Synthese es ist. Je mehr ihr deren Kraft erfahrt, desto mehr werdet ihr spüren, dass ihr in die kosmische Harmonie eintretet, wo ihr von den himmlischen Hierarchien empfangen werdet, und jede Farbe wird ihren Reichtum mit euch teilen. Die Übungen mit den Farben und den Wahrheiten, die ihnen entsprechen, sind ein Schlüssel zum spirituellen Leben.

3

Unsere Hände nehmen Licht- und Farbstrahlen auf und senden sie aus

Wenn man die verschiedenen Erscheinungsformen der Menschen im täglichen Leben zu beobachten wüsste, würde man in einigen ihrer Gesten die Spur eines tausende Jahre alten Wissens über die Hand und ihre Kräfte erkennen. In den meisten Ländern zum Beispiel heben Menschen zur Begrüßung den Arm oder sie geben sich die Hand, wenn sie sich treffen oder auseinandergehen.

Die Hand ist ein Kommunikationsmittel: Sie gibt und empfängt. Deshalb solltet ihr besonders darauf achten, was ihr durch eure Hände gebt oder empfangt. Wascht sie oft, damit sie als gute Antennen funktionieren. Aber da physisches Wasser an den physischen Händen nicht ausreicht, um euch innerlich zu waschen, stellt euch auch vor, dass ihr spirituelles Wasser, einen Strom von Licht und reinen Farben fließen lasst, unter den ihr eure Hände so lange wie möglich haltet. Es ist dieses Licht und es sind diese Farben, die ihr so den Menschen und Dingen, die ihr berührt, übertragen werdet.

Was auch immer ihr tut, denkt daran, nur Segen bringende Einflüsse zu verbreiten, indem ihr lernt, euch eurer Hände zu bedienen. Jeder Finger gleicht einer Antenne, die speziell darauf ausgerichtet ist, die Einflüsse von Sternen und Himmelskörpern aufzunehmen. Der Daumen ist mit Venus verbunden, der Zeigefinger mit Jupiter, der Mittelfinger mit Saturn, der Ringfinger mit der Sonne und der kleine Finger mit Merkur. Denkt ab und zu daran, folgende Übung zu machen: Hebt eure Hand, konzentriert euch auf jeden eurer Finger, um die günstigen Strömungen dieser Planeten anzuziehen, und denkt auch an die Farben, die ihnen zugeordnet sind: Venus das Grün; Jupiter das Blau; Saturn das Indigo; der Sonne das Orange; Merkur das Gelb. Und dann projiziert mit ganzem Herzen diese Farben in den Raum und denkt dabei, dass sie eure Liebe am besten zum Ausdruck bringen.

Ihr wisst nicht, welche Wesen im Raum diese Liebe aufnehmen werden, erwartet also keine Gegenleistung von ihnen. Aber eines Tages werdet ihr spüren, welch große Befreiung euch diese selbstlose Liebe bringt. Nichts hält Menschen so sehr gefangen, wie das Warten darauf, dass ihre Liebe erwidert wird. Da all das, was ihr tut, nach dem Gesetz des Echos oder des Rückschlags eines Tages zu euch zurückkehren wird, wisst ihr in Wirklichkeit nicht, wie diese Liebe zu euch zurückkehren wird. Aber sie wird zurückkehren, und sie wird verstärkt zurückkehren.

Und wenn ihr in irgendeinem Teil des Körpers Schmerzen spürt, stellt euch vor, dass aus euren Fingern Farbstrahlen austreten, und richtet sie auf diesen Bereich. Natürlich solltet ihr keine sofortigen oder spektakulären Ergebnisse erwarten, aber durch die Harmonisierung der Strömungen schafft ihr die Voraussetzungen für Besserung.

4

Wenn wir einen Regenbogen erschaffen

In der Schule der Universellen Weißen Bruderschaft lernen wir, in Harmonie zusammenzuleben. Deshalb beginnen wir alle unsere Treffen mit vierstimmigen Liedern. Indem wir diese mystischen Lieder singen, gestalten wir um uns herum eine ganze Welt von Formen und Farben. Und da jeder Einzelne selbst sein eigenes Instrument ist, erschaffen wir diese Formen, diese Farben, die wir außerhalb von uns erschaffen, auch in uns, und sie ziehen lichtvolle Wesenheiten an, die sich von ihnen ernähren. Diese Wesenheiten kommen nur, wenn wir wissen, mit welcher Nahrung wir sie anziehen können.

Die Harmonie, die wir durch vierstimmiges Singen herstellen, können wir eines Tages auch durch Übungen mit Farben erreichen. Ihr teilt euch zum Beispiel in sieben Gruppen auf: Die erste konzentriert sich auf die rote Farbe, die zweite auf die orangene Farbe, die dritte auf die gelbe Farbe und so fort… bis hin zu Violett. Auf diese Weise erschafft ihr einen schönen Regenbogen. Und ich werde all diese Farben nehmen, ich werde sie zu einem einzigen weißen Lichtstrahl bündeln, den ich in Gedanken bis hinauf zum Throne Gottes projizieren werde, um Seinen Segen auf uns und die ganze Menschheit herabzulenken.

5

Essen, Singen, Beten: das Verschmelzen mit dem Licht

Da das Universum eine Einheit ist, gibt es Entsprechungen zwischen bestimmten Prozessen, die in uns Menschen ablaufen und Prozessen, die man in den verschiedenen Naturreichen, dem Tier-, Pflanzen- und Mineralreich, beobachtet. Nehmen wir nun ein Beispiel aus der Pflanzenwelt.

Wie ihr wisst, haben Pflanzen eine Vielzahl von Öffnungen unter ihren Blättern, die ganz kleinen Mündern ähneln, die sogenannten Spaltöffnungen, die den Austausch von Wasser, Kohlendioxid und Sauerstoff mit der Außenwelt gewährleisten. Durch die Spaltöffnungen atmet, schwitzt und assimiliert das Blatt. Die Fotosynthese besteht darin, dass die Pflanze Kohlendioxid und Wasser aufnimmt und Sauerstoff an die Atmosphäre abgibt.

Unter der Einwirkung von Licht erfolgt diese Assimilation dank der Anwesenheit von drei im Blatt enthaltenen Pigmenten: Chlorophyll, Carotin und Xanthophyll. Chlorophyll ist grün, Carotin ist rot-orange und Xanthophyll ist gelb. Und wenn wir nun die jeweiligen Komplementärfarben zuordnen, ergibt dies Rot zu Grün, Blau zu Orange und Violett zu Gelb, und wir finden das Dreieck wieder, das die drei Prinzipien Wille (rot), Herz (blau) und Verstand (gelb) repräsentiert. Diese drei Prinzipien entsprechen in unserem Organismus dem Magen, der Lunge (verbunden mit dem Herzen) und dem Gehirn, das heißt den drei für uns wesentlichen Funktionen: der Ernährung, der Atmung und dem Denken.

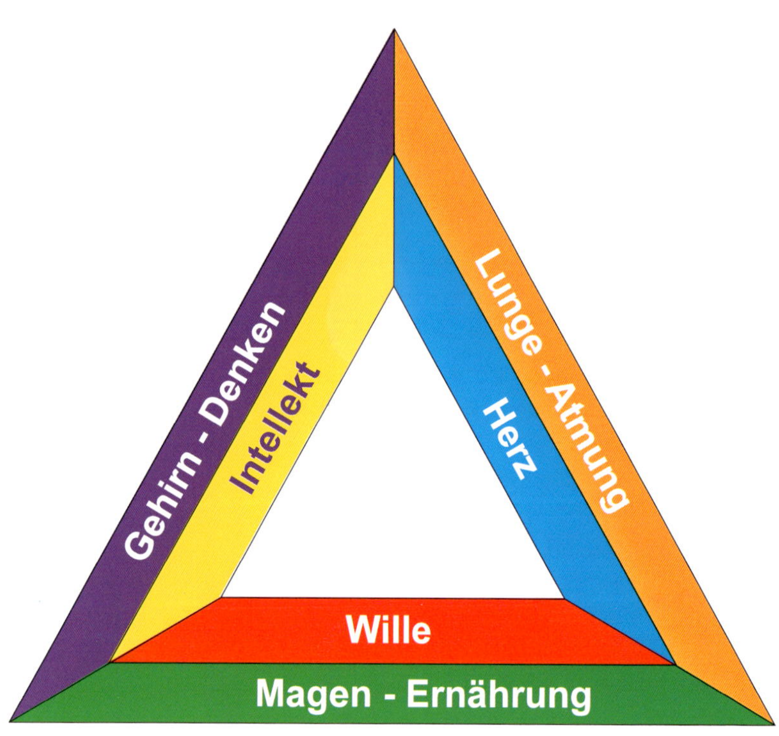

Wenn wir essen, zieht unser Magen, der mit der Farbe Grün arbeitet, die roten Strahlen an: Energie und Leben. Durch eine gute Ernährung steigern wir die Vitalkräfte, Grün ist mit Rot verbunden.

Wenn wir atmen, zieht unsere Lunge, die mit der orangenen Farbe arbeitet, die blauen Strahlen an: Frieden und Harmonie. Dank einer tiefen Atmung, die in einem guten Rhythmus erfolgt, fühlen wir uns ruhig und Frieden breitet sich in uns aus: Orange ist mit Blau verbunden.

Wenn wir meditieren, zieht unser Gehirn, das mit der Farbe Gelb arbeitet, violette Strahlen an. Violett ist die Farbe der höchsten Spiritualität. Durch Meditation verbinden wir uns mit der göttlichen Welt: Gelb ist mit Violett verbunden.

Wenn ihr diese verschiedenen Entsprechungen vertieft, werdet ihr verstehen, wie ihr euer Leben weiter bereichern und verschönern könnt. Denkt darüber nach, dass es mindestens drei Begebenheiten gibt, bei denen Menschen sich verstehen: Wenn sie sich an einem Tisch zum Essen versammeln, wenn sie zusammen singen und wenn sie zusammen beten. Wir finden hier das Hexagramm mit den sechs Farben und können so das Schema vervollständigen:

Rot und Grün	Chlorophyll	Essen
Blau und Orange	Carotin	Singen
Gelb und Violett	Xanthophyll	Beten

6

Die Realität kann nur durch Klarsichtgläser wahrgenommen werden

Von jemandem, der sich von Zorn mitreißen lässt, sagt man manchmal, dass er rot sieht, und das entspricht einer Realität. Abhängig von ihren Impulsen und vor allem ihrem Temperament können wir sagen, dass Menschen im Inneren eine Brille mit verschieden farbigen Gläsern tragen.

- Diejenigen, die rote Brillengläser tragen, sehen überall Gelegenheiten, ihre gröbsten Instinkte zu befriedigen und dafür zu kämpfen.
- Diejenigen, die eine orangefarbene Brille tragen, werden zum Individualismus getrieben, sie folgen dem Drang, als unabhängige Wesen aufzutreten.
- Diejenigen, die gelbe Brillengläser tragen, denken, alle Probleme könnten durch Überlegung und mithilfe des Intellektes gelöst werden.
- Diejenigen, die grüne Gläser tragen, sehen nur wirtschaftliche und finanzielle Lösungen, denn ihnen zufolge sind es die Wirtschaft und die Finanzen, die die jeweiligen Gesellschaften regieren.
- Diejenigen, die blaue Gläser tragen, glauben an die Notwendigkeit einer Philosophie, die auf Religion basiert, und sie arbeiten dafür, dass Frieden unter den Menschen herrscht.

· Diejenigen, die indigofarbene Gläser tragen, werden von der Überzeugung angetrieben, dass es ihre Mission ist, die Welt zu lenken. Viele von ihnen findet man unter Königen und Priestern wieder, denn Indigo ist die Farbe des Königtums und auch des Priestertums.

· Diejenigen, die violette Gläser tragen, sehen überall Gründe, Gott anzubeten und Sein Werk zu bewundern.

Jede Farbe entspricht einem bestimmten Gesichtspunkt, einem besonderen Bereich. Um also Fehlurteile zu vermeiden, sollten wir fähig sein, alle Aspekte, alle Farben der Natur und des Lebens erfassen zu können: Wir sollten Brillen mit farblosen und vollkommen transparenten Gläsern haben.

Die sieben Farben berühren unser Gehirn. Seine Zentren, die wie Antennen gebaut sind, nehmen jeweils die Wellen auf, welche die Farben aussenden. Drei Farben sind jedoch besonders mit dem Dreieck verbunden, das in uns durch den Verstand, das Herz und den Willen repräsentiert wird: Das Gelb beeinflusst den Verstand, das Blau das Herz und das Rot den Willen.

Wenn das Gehirn zum Beispiel die Schwingungen der Farbe Rot empfängt, beginnen die Zentren an der Hinterseite des Schädels, die für den sexuellem Instinkt und die Aggressivität stehen, zu schwingen, und wer nicht gelernt hat, sich selbst zu kontrollieren, wird gewalttätig handeln.

Die gelbe Farbe wirkt sich auf die Zentren in der Mitte und oben auf der Stirn aus; sie trägt zur Entwicklung der intellektuellen Fähigkeiten bei, die sich in einem Hang zur Wissenschaft und Philosophie manifestieren.

Die blaue Farbe berührt die Zentren oben auf dem Kopf und trägt zur Entwicklung religiöser Gefühle bei.

Denkt daran, wenn es sich ergibt, dass ihr diese Farben um euch herum habt.

7

Edelsteine, das Fundament unseres inneren Heiligtums

Auf der Erdoberfläche sehen wir Kiesel, Steinblöcke, Felsen, die grau, braun und schwärzlich sind... Wie sollte man also nicht überrascht und voller Staunen sein, wenn man die Edelsteine entdeckt, die Kristalle, welche die Erde in ihren Tiefen beherbergt. Wo kommen sie her?

Die Edelsteine sind aus dem Material Erde, sind aber umgeformt, geordnet, sublimiert. Sie sind das Ergebnis einer umfangreichen Arbeit, die von der Intelligenz der Natur an der rohen Materie vollbracht wurde, so, als ob sie nicht nur das Licht und die Pracht des Himmels widerspiegeln, sondern auch konkretisieren wollten; und wir spüren, dass sie eine spirituelle Wesenheit beherbergen. Dadurch dass die Eingeweihten erkannten, wie die Intelligenz der Natur an bestimmten Mineralien arbeitet, um ihnen Farbe zu verleihen und sie so zu verfeinern, dass sie transparent werden, fanden sie in den Edelsteinen eine Quelle der Inspiration für ihre eigene Arbeit. Sie machten sie zu Symbolen für die Tugenden, die der Mensch erwerben kann, wenn er lernt, an seiner eigenen Materie zu arbeiten. Jeder Tugend entspricht ein Stein. Für die Weisheit steht der Topas, für Frieden und Harmonie der Saphir, für die Hoffnung der Smaragd, für die Liebe der Rubin, für die Reinheit der Diamant.

Im letzten Kapitel der Offenbarung beschreibt Johannes die Himmlische Stadt, das neue Jerusalem, das vom Himmel herabsteigt. Diese Stadt ruht auf zwölf Fundamenten aus Edelsteinen, was offensichtlich symbolisch zu verstehen ist. Das neue Jerusalem repräsentiert den Menschen, der nach einem langen Prozess der Reinigung zu einem neuen Menschen geworden ist. Seine Fundamente bestehen aus Edelsteinen, weil Tugenden die wahren Fundamente unseres inneren Wesens sind; sie stellen das Ideal dar, nach dem wir streben sollten, in dem Bemühen, die rohe Materie unserer Instinkte zu verwandeln.

Ihr habt sicherlich bemerkt, dass normalerweise niemand Edelsteine in ihrem Rohzustand trägt. Sie wurden zuerst geschliffen, um sie in all ihrer Transparenz und Farbbrillanz erscheinen zu lassen. Genau das sollten auch wir tun. Wir haben Edelsteine in uns: unsere Gedanken, unsere Gefühle, unsere Wünsche, doch sie befinden sich noch in ihrem Rohzustand, und die spirituelle Arbeit besteht darin, sie zu »schleifen«, damit sie sich dem Einfall des Lichtes nicht mehr widersetzen. Indem die Erde Tugenden und Kräfte von oben in Form von Kristallen und Edelsteinen herabholt, hat sie etwas Großes verwirklicht. Und jetzt liegt es an den Menschen, diese Arbeit fortzusetzen.

Wenn ihr Edelsteine liebt, solltet ihr auch wissen, dass die Natur sie nicht nur dafür hergestellt hat, Energien aus dem Kosmos aufzufangen, sondern sie auch auszustrahlen und zu verteilen; deshalb schreibt man ihnen bestimmte Tugenden zu. Jeder einzelne Edelstein ist eine Art Antenne, der wir Botschaften zur Übermittlung geben können; denn jeder einzelne wird von Strömen belebt, die sich drehen, die vibrieren, und es liegt an uns zu lernen, wie man sie ordnet und ausrichtet.

Warum soll man sich damit begnügen, in Edelsteinen einfach nur Ziergegenstände zu sehen, die man auf dem Kopf, um den Hals, am Handgelenk oder an den Fingern trägt? Wenn ihr lernt, euch auf sie zu konzentrieren, können sie zu einem Mittel werden, sich mit der göttlichen Welt zu verbinden. Und was für ein Wunder, wenn man sieht, wie sie das Licht durch sich hindurchleuchten lassen! Bittet sie darum, dass sie mit all ihren Eigenschaften und Tugenden in euch einziehen. Und ernährt euch von ihren Quintessenzen, um die Fundamente der Himmlischen Stadt, eures inneren Heiligtums, in euch zu errichten.

Kapitel 3

Die Farben:
Begegnungen, Affinitäten, Gegensätze, Übergang von einer Farbe zur anderen

1

Die Farben vermitteln uns Kenntnisse über unser psychisches und spirituelles Leben

Die Farben sind also eine der Sprachen der Natur, und die Natur sagt uns durch sie unendlich viel! Obwohl der Mensch sich dessen nicht immer bewusst ist, sind sie Teil seines Lebens, seines physischen und seines psychischen Lebens. Die Farben zu erforschen, das bedeutet, sich in ein riesiges Gebiet zu wagen. Ich bemühe mich immer, euch so einfach wie möglich die wesentlichen Wahrheiten zu erklären, mit denen ihr euer Leben harmonisch aufbauen und eure Beziehungen zu den anderen Menschen, aber ebenso zur Natur und den Wesenheiten der göttlichen Welt verbessern könnt. Deshalb benutze ich manchmal die Farben. Ihre Sprache ist sehr, sehr klar!

Beginnen wir damit, die sechs Farben in die geometrische Figur des Sechssterns zu setzen (siehe nächste Abbildung).

Wenn man Rot und Gelb mischt, die sich an der Basis eines Dreiecks befinden, erhält man Orange, das sich zwischen den beiden an der Spitze des anderen Dreiecks befindet. Durch die Mischung von Gelb und Blau erhält man Grün. Durch die Mischung von Blau und Rot erhält man Violett. Mischt man jedoch die einander gegenüberliegenden Farben wie Grün und Rot, Blau und Orange, Gelb und Violett, so entstehen unklare Farbtöne. Manche Farben sollten daher nicht gemischt werden. Diese Regel gilt auch auf der psychischen Ebene. Wenn wir das Gesetz ignorieren, laut dem jedes Wesen eine vorherrschende Farbe hat, die nicht mit einer anderen vermischt werden darf, werden Missverständnisse und Konflikte entstehen. Mit Hilfe dieses Gesetzes werden auch die Folgen bestimmter Gefühls- oder Gedankenmischungen sowie die Mischung bestimmter Tugenden oder Schwächen offenkundig. Es handelt sich hier um psychische und spirituelle Alchemie im wahrsten Sinn des Wortes.

Und hier ist noch eine weitere Erfahrung. Richtet eure Aufmerksamkeit für ein paar Sekunden auf ein rotes Blatt Papier, dann sofort auf ein weißes und ihr werdet das Grün erscheinen sehen. Wenn ihr eure Aufmerksamkeit auf das Orange richtet, seht ihr die Komplementärfarbe Blau, und wenn ihr eure Aufmerksamkeit auf das Blau richtet, seht ihr das Orange erscheinen usw. Auch dies ist ein Phänomen, das im psychischen Leben wiederzufinden ist. Ihr konzentriert euch auf ein Thema, aber nach einiger Zeit des Bemühens taucht ein ganz anderer Gedanke auf. Dies erklärt sich durch die Verbindung zwischen Rot und Grün, Orange und Blau und Gelb und Violett.

In der Mystischen Farbrose liegen sich die Komplementärfarben gegenüber

Jede Tugend ist verbunden mit einer anderen Tugend, jede Eigenschaft mit einer anderen Eigenschaft, jede Bewegung mit einer anderen Bewegung, genau so, wie die Farben miteinander verbunden sind. So wird zum Beispiel derjenige, der dem Weg der Weisheit, der Farbe Gelb, folgt, notwendigerweise dahin geführt, den Schöpfer des Universums, den Meister dieser unendlichen Weisheit anzubeten, und er erweckt in sich die Farbe Violett, die spirituellste von allen. Umgekehrt erweckt derjenige, der danach strebt, in ständiger Gemeinschaft mit dem Schöpfer zu bleiben, in sich die Farbe Gelb und die Weisheit wird in ihm wohnen.

Wie viele Geheimnisse sind in diesen Manifestationen des Lichtes, den Farben, verborgen! Am Anfang war das Licht. Licht und Farben zu kennen bedeutet, das wahre Wissen zu besitzen. Denn genauso, wie wir vom Licht geformt werden, werden wir auch von den Farben geformt. Es gibt theoretisch sieben Farben, aber die Aspekte des Lebens, durch die sie sich uns offenbaren, sind unendlich zahlreich. Je nachdem, welches Gebiet man erforscht und je nachdem, ob jede Farbe einzeln oder kombiniert mit einer oder mehreren anderen betrachtet wird, wandeln sich ihre Bedeutungen.

2

Weiß und Schwarz

1 – Das weiße und das schwarze Haupt

«Alles, was unten ist, ist wie das, was oben ist, und alles, was oben ist, ist wie das, was unten ist, um die Wunder einer einzigen Sache zu vollbringen", sagt Hermes Trismegistos auf der Smaragdtafel. Alles, was unten ist, ist in der Tat wie alles, was oben ist, nur umgekehrt.

Eine Stelle im Zohar zeigt Gott als ein sehr schönes, sehr edles Haupt mit einem Bart und langen weißen Haaren. Dieses weiße Haupt spiegelt sich auf einer Wasserfläche, aber diese Spiegelung erscheint als schwarzes, grimassenhaftes Haupt. Was lehrt uns diese Figur? Dass das, was wir das Böse, den Teufel nennen, nur die seitenverkehrte Spiegelung Gottes ist, der Schatten Gottes in der Materie. Deshalb befinden sich manche Religionen im Irrtum, wenn sie den Teufel als Gottes unwiderruflichen Gegner darstellen, als einen Gegner, gegen den Er ständig kämpfen muss. Gott bekämpft den Teufel nicht. Wenn Er gegen ihn kämpfen würde, würde das bedeuten, dass Er gegen Sich Selbst kämpft.

Bewahrt in euch das Bild von Gottes weißem Haupt, in dem Wissen, dass seine dunkle Spiegelung nicht wirklich ein Feind sein kann, weil sie keine Realität ist, sondern eine Illusion, ein Schatten, der dank des Lichts existiert und die Wirklichkeit des Lichtes beweist. Wie kommen wir also aus dem Bereich der Spiegelungen, der Illusionen heraus? Indem wir mithilfe des Denkens bis

Das Große Salomonische Symbol
(aus Eliphas Lévi: »Transzendentale Magie. Dogma und Ritual der Hohen Magie«)

zu Gottes weißem Haupt hinaufsteigen. Wenn wir die Realität dieses einzigartigen Prinzips akzeptieren, wird kein Gegensatz oder Widerspruch mehr bestehen.

Die Abbildung des weißen und des schwarzen Hauptes lehrt uns außerdem Folgendes: So wie im Makrokosmos, das heißt dem Universum, das schwarze Haupt die seitenverkehrte Spiegelung des weißen Hauptes Gottes ist, ist im Mikrokosmos des Menschen die niedere Natur die seitenverkehrte Spiegelung seiner höheren Natur. Die Wasserfläche ist in ihm durch das Zwerchfell dargestellt, das symbolisch seine beiden Naturen trennt. So wie der schwarze Kopf ohne den weißen Kopf nicht existieren kann, so kann auch im Menschen die höhere und die niedere Natur nicht ohne die andere existieren. Wenn das Oben und das Unten in der Lage sind, »die Wunder einer einzigen Sache« zu vollbringen, dann deshalb, weil sie untrennbar sind. In Gott ist alles 1, und selbst wenn es 2 gibt, muss diese 2 aus der Sicht der 1 verstanden werden. Die Zahl 1 ist alles und enthält alles. Durch die 1 existiert das Universum, und auch der Mensch ist ein Vertreter dieser Zahl 1. Er muss nur die Anordnung der Dinge innerhalb der Einheit, die er repräsentiert, verstehen und sich bemühen, seine niedere Natur zum Diener seiner höheren Natur zu machen, damit diese aufblühen kann.

2 – Das Yin und das Yang

Allein vom physischen Standpunkt aus betrachtet, ist ein Mensch entweder ein Mann oder eine Frau. Er hat bestimmte präzise und sofort erkennbare Eigenschaften. Aber aus psychologischer Sicht ist diese Gegensätzlichkeit nicht so klar, denn jeder besitzt innerlich sowohl männliche als auch weibliche Prinzipien, und man kann weder den Mann auf das männliche Prinzip noch die Frau auf das weibliche Prinzip reduzieren. Das Männliche enthält immer einen Teil des Weiblichen und das Weibliche immer einen Teil des Männlichen.

Diese Idee versuchten die taoistischen Weisen durch die symbolische Darstellung des Yin und Yang auszudrücken. In den schwarzen Yin-Teil, der das weibliche Prinzip repräsentiert, setzten sie einen weißen Punkt, der das männliche Prinzip repräsentiert; und in den weißen Yang-Teil, der das männliche Prinzip repräsentiert, setzten sie einen schwarzen Punkt, der das weibliche Prinzip repräsentiert.

Es gibt keine Farben, die mehr im Gegensatz zueinander stehen, als Weiß und Schwarz, doch das Vorhandensein von Schwarz in Weiß und Weiß in Schwarz bedeutet, dass es keine absolute Trennung oder Opposition zwischen dem Männlichen und dem Weiblichen gibt.

Männer und Frauen sind keine abstrakten Prinzipien, sondern lebendige Kombinationen des Männlichen und des Weiblichen in ungleichen Proportionen, und von einer Inkarnation zur anderen können sie das Geschlecht wechseln. Tatsächlich muss jeder Mensch beide Bedingungen erfahren, um die guten Eigenschaften beider Prinzipien voll zu erwerben.

3 – Die astrale Schlange

Die Bewegung einer Schlange, die über den Boden kriecht, ähnelt einer Sinuskurve. Doch die Sinuskurve ist auch die Bewegung des Lichts. Wenn nun die Eingeweihten erklären wollen, was das magische Agens ist, dieses universelle Medium, dank dem sich Wellen durch den Raum ausbreiten und das sie astrales Licht nennen, verwenden sie das Bild der Schlange. Dieses Agens als solches ist neutral, es erfüllt nur eine Übertragungsfunktion, und es überträgt sowohl das Gute als auch das Böse.

Die astrale Schlange weist also zwei Aspekte auf: hell und dunkel, und es ist dieser doppelte Aspekt, der im Einweihungssymbol des Caduceus (des Hermesstabes) dargestellt wird: ein Stab, umgeben von zwei ineinander verschlungenen Schlangen. Die beiden Schlangen sind der positive und der negative Strom des astralen Lichts: Ersterer ist hell und warm, der zweite dunkel und kalt; der eine ist weiß, der andere schwarz. In Wirklichkeit ist die Schlange ein einziges Wesen, aber aus symbolischer Sicht manifestiert sie sich unter zwei Aspekten: des Lichtes und der Dunkelheit. Sobald wir über ihre dunkle Seite gesiegt haben, stellt sich die Schlange in unsere Dienste und übermittelt uns ihr Wissen und ihre Kräfte.

3

Weiß und Rot

1 – Brot und Wein, Leib und Blut Christi

Die Evangelien berichten über das letzte Abendmahl, das Jesus mit seinen Jüngern teilte: »Als sie aber aßen, nahm Jesus das Brot, dankte und brach's und gab's den Jüngern und sprach: Nehmet, esset; das ist mein Leib. Und er nahm den Kelch und dankte, gab ihnen den und sprach: Trinket alle daraus; das ist mein Blut« (Mt 26,26-28). Das sind die Worte, die der Priester traditionell in der Messe spricht, wenn er das Brot und den Wein der Kommunion segnet und weiht.

Das Brot ist weiß und der Wein ist rot. Der Leib Christi, der durch das Brot dargestellt wird, und sein Blut, das durch den Wein dargestellt wird, symbolisieren die Speisen, die die Seele und der Geist brauchen, um das ewige Leben zu leben, das Jesus der Menge versprochen hat, die ihm zum See Tiberias folgte: »Ich bin das lebendige Brot, das vom Himmel gekommen ist. Wer von diesem Brot isst, der wird leben in Ewigkeit« (Joh 6,51).

Das Fleisch Christi ist die Weisheit, ein männliches Prinzip; sein Blut ist die Liebe, ein weibliches Prinzip. Wenn wir wissen, wie wir unseren Geist mit göttlicher Weisheit, das Weiß, und unsere Seele mit göttlicher Liebe, das Rot, ernähren können, werden wir in das ewige Leben eintreten.

2 – Vom Weiß zum Rot: Wasser, das in Wein verwandelt wurde

Die Evangelien berichten auch, dass Jesus sein erstes Wunder in Kanaa, in Galiläa, vollbrachte. Während eines Hochzeitsmahles, zu dem er mit seinen Jüngern eingeladen war, ging der Wein aus. Da ließ er Tonkrüge mit Wasser bringen und verwandelte dieses Wasser in Wein. Ein solches Wunder wurde offensichtlich in Frage gestellt, aber das macht nichts, denn wir wollen uns mit seiner symbolischen Dimension beschäftigen. Das bedeutet: die Umwandlung von Wasser in Wein kann als eine alchemistische Handlung interpretiert werden.

In den Abhandlungen der Alchemie heißt es, dass Silber, das, so wie der Mond, mit der Farbe Weiß verbunden ist, in Gold umgewandelt werden soll, und dass das Gold, so wie die Sonne, mit der Farbe Rot verbunden ist. Nun ist aber das Wasser weiß und der Wein rot. In der alchemistischen Sprache bedeutet der Ausdruck »das Rot erreichen«, zum König, zum Stein der Weisen zu gelangen, deren Farbe scharlachrot ist. Durch die Umwandlung von Wasser in Wein erreichte Jesus eine alchemistische Verwandlung. Er zeigte auf, dass es immer eine Materie zu transformieren gibt. Wasser ist eine edle Flüssigkeit, aber symbolisch gesehen ist der Wein noch edler. Es spielt keine Rolle, ob Jesus wirklich Wasser in Wein verwandelt hat; das Wichtigste ist zu verstehen, dass dank unserer spirituellen Arbeit ein Element, das uns von der Natur gegeben ist, in ein noch kostbareres Element umgewandelt werden kann. Und diese Umwandlung ist etwas, was wir in unserem Inneren verwirklichen müssen.

4

Blau, die Farbe des Friedens und der Wahrheit

Bevor Jesus seine Jünger verließ, sagte er zu ihnen: »Frieden lasse ich euch, meinen Frieden gebe ich euch« (Joh 14,27). Indem er ihnen seinen Frieden hinterließ, wollte er ihnen das kostbarste Gut geben. Er selbst würde nicht mehr da sein, aber er hinterließ ihnen seinen Frieden. Und er sagte auch zu ihnen: »Ich habe euch noch viel zu sagen; aber ihr könnt es jetzt nicht ertragen. Wenn aber jener kommt, der Geist der Wahrheit, wird er euch in aller Wahrheit leiten« (Joh 16,12-13).

Frieden und Wahrheit wird die gleiche Farbe zugeordnet: Das Blau. Diese Farbe kann euch bei euren Meditationen sehr helfen. Stellt euch vor, dass ihr von blauen Strahlen umgeben seid und dass sie euch durchdringen: Nach und nach spürt ihr, wie der Frieden in euch Einzug hält; ihr befreit euch von Begierden, Vorurteilen, Parteinahmen, die euch irreführen, und alles erscheint euch klarer. Der Himmel spiegelt sich in eurer Seele wider, wie auf der ruhigen Oberfläche eines Sees, und eingehüllt in diesen Frieden, durchdrungen von diesem Frieden, werdet ihr eines Tages die Wahrheit betrachten.

Blau und Rot: die beiden Säulen des Tempels

Die zweite Karte des Tarot, genannt die Hohepriesterin, zeigt eine Frau, die vor den beiden Säulen eines Tempels sitzt, einer blauen und einer roten, zwischen denen ein Schleier gespannt ist, der den Tempel verbirgt und den Zutritt untersagt. Ihr Haupt ziert ein Diadem, gekrönt von einem Halbmond, der von zwei Hörnern überragt wird. Diese Frau legt ihre rechte Hand auf ein halboffenes Buch auf ihren Knien, auf dessen Deckel das Symbol von Yin und Yang dargestellt ist. In ihrer linken Hand hält sie zwei Schlüssel. Der eine ist aus Gold, einem Metall, das der Sonne zugeordnet ist, mit einem Schaft, der in einem Dreieck endet, der andere aus Silber, einem Metall, das dem Mond zugeordnet ist, und dessen Schaft endet mit einem Kreuz. Diese zweite Karte des Tarots steht ganz im Zeichen der Zahl 2, dem männlichen und dem weiblichen Prinzip.

Die 2. Karte des Tarot
(Oswald Wirth: »Die Magie des Tarot«)

Die beiden Säulen stellen symbolisch die beiden Säulen des salomonischen Tempels dar: rechts Yakin und links Boaz, deren blaue und rote Farbe den Gegensatz, aber auch die Wechselbeziehung des Männlichen und Weiblichen zum Ausdruck bringen. Diese gleiche Idee findet man im Sephirothbaum mit den beiden Säulen der Milde und der Strenge auf beiden Seiten der mittleren Säule, der Säule des Gleichgewichts. Die beiden Prinzipien sind die Grundlagen der Schöpfung und sind in allen Erscheinungsformen des Lebens, ob physisch, psychisch oder spirituell, gegenwärtig.

5

Gelb und Weiß: das Ei

Das Ei besteht aus einer Schale, die das Eiweiß umschließt, das Albumin, und in der Mitte des Eiweißes befindet sich das Eigelb, das den Keim enthält. Aus symbolischer Sicht kann man sagen, dass die Schale dem physischen Körper entspricht, das Eiweiß der Seele und der im Eigelb enthaltene Keim dem Geist. Wenn man die Schale zerbricht, fließt ihr Inhalt heraus und das Leben geht verloren. So wie der Körper, dient die Schale dazu, das Leben, das heißt Seele und Geist, zu schützen. Die Seele ist so wie das Eiweiß Trägerin aller Nährstoffe, die für den Erhalt des Lebens notwendig sind. Aber das Leben selbst ist eine Schöpfung des Geistes, und im Ei wird der Geist durch den Keim dargestellt, der sich im Eigelb befindet. Die Seele, das Eiweiß, nährt den Geist, damit er seine Arbeit fortsetzen kann.

Und warum wird nun das Ei mit dem Fest der Auferstehung in Verbindung gebracht? Auch wenn nicht alle Christen genau die gleichen Bräuche und Traditionen haben, ist das Ei für alle Christen mit dem Osterfest, mit der Ankunft des Frühlings verbunden. Es ist zwar ein Symbol des Osterfestes für die Christen, es ist jedoch in erster Linie ein universelles Symbol, da es der Ausgangspunkt für neues Leben ist. Im Tierreich und sogar im Menschenreich ist das Ei das Äquivalent zum Samen im Pflanzenreich, denn einmal befruchtet, ist der Keim dazu bestimmt, ein Lebewesen zu werden. So wie die Pflanze ihre Art durch ein Samenkorn erhält, so erhalten die Tiere (zumindest die meisten von ihnen) und die Menschen ihre Art durch ein Ei, in welchem symbolisch betrachtet, das Gelb und das Weiß miteinander verbunden sind.*

* Es sei darauf hingewiesen, dass Gelb und Weiß die Farben des Papsttums sind.

Das Gelb, die Weisheit und das Rot, die Liebe, führen zum Blau, der Wahrheit

Warum begehen so viele Menschen, die behaupten, die Wahrheit gefunden zu haben, weiterhin so viele Fehler? Weil sie nicht wissen, wo oder wie sie danach suchen sollen. Sie zimmern aus der Wahrheit eine abstrakte Vorstellung, wo sie doch versuchen sollten, sie täglich zu leben und zu lernen, die Weisheit in ihrem Verstand und die Liebe in ihrem Herzen zu pflegen. Nur wer an seinen Gedanken (Verstand) und seinen Gefühlen (Herz) arbeitet, kann die Wahrheit finden, um reiner, erleuchteter, edler und großzügiger zu werden. Die Wahrheit ist eine Folge davon: Sie ist die Frucht der Weisheit und der Liebe. Seit Jahrtausenden sprechen geistige Meister, Weise und Philosophen Worte der Wahrheit; aber diese Worte sind nahezu nutzlos und werden sogar gefährlich, wenn der Mensch keinen Verstand und kein Herz hat, die fähig sind, diese Wahrheit aufzunehmen, um sie richtig in die Tat umzusetzen. Es gibt so viele Beispiele in der Geschichte, und das bis heute!

Der Geist der Wahrheit, einer der sieben Geister vor dem Throne Gottes, offenbart sich durch die blauen Strahlen. Und da man der Wahrheit durch Weisheit und Liebe nahe kommt, könnt ihr euch auch auf die gelbe Farbe konzentrieren, durch die sich die Weisheit manifestiert und auf die rote Farbe, durch die sich die Liebe manifestiert. Diese beiden Farben werden euch auf dem Weg begleiten, der zur Wahrheit führt.

6

Das Schwarz und seine Abwandlungen in der Alchemie: Rabe, Taube, Phönix und Pfauenschwanz

Nach der Schlange, die eher eine kollektive Wesenheit ist und die Geister des Bösen repräsentiert, sind die ersten in der Bibel erwähnten Tiere zwei Vögel: der Rabe und die Taube, und sie werden mit der Geschichte über die Sintflut in Verbindung gebracht, bei der nur Noah und seine Familie überlebten. Nach 40 Tagen und 40 Nächten hörte es endlich auf zu regnen. Zuerst ließ Noah, der sich mit einem Paar von jeder Tierart in die Arche gerettet hatte, den Raben und dann die Taube frei, um zu sehen, ob schon Festland erschien. Einige Tage lang fanden die beiden Vögel keinen Platz zum Landen und kehrten in die Arche zurück. Dann kam der Rabe nicht mehr zurück, und als die Taube zurückkam, hielt sie ein Olivenblatt in ihrem Schnabel.

Die Alchemisten interpretierten dieses Sintflut-Ereignis folgendermaßen: Der Regen fällt vierzig Tage und vierzig Nächte lang; nun ist die 40 aber die Zahl des Todes. Die Arche, in die sich Noah und seine Familie mit einem Paar von jeder Tierart begaben, stellt den Athanor dar, diese Art von Ofen, in dem die Umwandlung der Materie in das, was sie »das große Werk« nennen, stattfindet. Der Rabe ist schwarz, und »Rabenkopf« ist der Name, den die Alchemisten der unedlen Materie geben, deren Umwandlung sie vornehmen wollen, indem sie sie dem Feuer aussetzen. Wenn diese Materie weiß wird, nennen sie sie »Tauben der Diana«, und Diana war bei den Römern eine Göttin, die man mit dem Mond verbunden hat, der weiß ist. Dieser Übergang vom Schwarz zum Weiß kündigt eine bevorstehende Wiedergeburt an. Diese Idee wird auch durch das Olivenblatt (das heißt das Grün, die Farbe der Vegetation und ein Zeichen der Erneuerung in der Natur) unterstrichen, das die Taube in ihrem Schnabel trägt.

Die nächste Phase in der Umwandlung der Materie wird durch die Farbe Rot symbolisiert. Auch ihr gaben die Alchemisten den Namen eines Vogels: Phönix. Warum Phönix? Sicherlich deshalb, weil dieser Vogel der Legende entsprechend nach dem Verbrennen auf dem Scheiterhaufen die Kraft hatte, aus seiner Asche wiedergeboren zu werden. Während dieser Transformation der Materie vom Schwarz zum Rot stellen einige Alchemisten noch Zwischenfarben fest: Blau, Grün, Gelb, Orange, und geben ihnen den Namen »Pfauenschwanz«.

1 – Vom Schwarz zum Gold, der Übergang der Jahreszeiten

Lasst uns nun einen Blick auf die verschiedenen Phasen des großen Werkes werfen. Die unedle Materie, die der Alchemist in den Tiegel gelegt hat, stirbt und beginnt zu faulen; dieser Vorgang entspricht der Farbe Schwarz. Dann wird die Materie aufgelöst und gereinigt: Sie wird weiß. Dann kommt die Destillation und die Vereinigung: Die Materie wird rot. Und in Wirklichkeit gibt es noch einen letzten Schritt: die Sublimation, die Farbe Gold. Die Kenntnis dieser verschiedenen Vorgänge ist nur dann wirklich von Interesse, wenn sie als Phasen des inneren Lebens interpretiert werden. Der Mensch hat die Macht, die gleichen Operationen, die der Alchemist an der Materie in einem Tiegel vornimmt, in seinem Inneren durchzuführen. Und es ist eine Arbeit der spirituellen Erneuerung, die ein ganzes Leben in Anspruch nimmt: So, wie die regenerierte, in Gold verwandelte Materie aus dem Tiegel kommt, wird er eines Tages in seiner niederen Natur sterben, um in seiner höheren Natur wiedergeboren zu werden.

Diese Abfolge von Farben, in denen die Alchemisten die verschiedenen Phasen der Transformation der Materie des großen Werkes sehen, ist auch diejenige, die wir jedes Jahr in der Natur im Laufe der Jahreszeiten beobachten können. Nehmen wir als Beispiel die Obstbäume: Mit ein paar Variationen ¬– denn die Natur ist reich an Nuancen – durchlaufen sie eine Reihe von Farben, und immer in der gleichen Reihenfolge. Während des Winters sind die Bäume schwarz und kahl, im Frühling werden sie weiß (die Blüten) und grün (die Blätter). Dann kommt der Sommer: Die Früchte reifen zu gelb, orange, blau, violett und rot. Und wenn der Herbst naht, wird das Laub rot und golden. Mit Rot und Gold ist der Prozess abgeschlossen, es ist das Ende des Zyklus, wie im alchemistischen Werk.

Auch hier muss der Mensch, nach dem Vorbild der Vegetation, alle Phasen des alchemistischen Werkes im Inneren durchlaufen. Er stirbt, dann wird er wiedergeboren, und er wird mit neuen Tugenden und neuen Kräften wiedergeboren, das bedeutet: mit neuen Farben.

Auch in einem anderen Bereich kann man ein Beispiel für diese Abfolge von Farben finden. Von einer Person, die verleumdet wurde, sagt man, sie sei »angeschwärzt« worden. Wenn man nach einiger Zeit ihre Unschuld feststellt, sagt man, sie sei »weißgewaschen«, und sie kann endlich die reifen Früchte ihrer Arbeit genießen (das Rot und das Gold).

2 – Die aus der schwarzen Tinte extrahierten Farben

Im gegenwärtigen Entwicklungsstadium der Erde und an dem Punkt der Evolution, an dem der Mensch gerade steht, ist es nicht möglich, dass er nicht leidet. Wenn der Mensch die Prüfungen annimmt, wenn er danach strebt, sie zu verstehen und von ihnen zu lernen, befreit er die Kräfte seiner Seele und seines Geistes. Es gelingt ihm, aus dieser rohen, formlosen, schwarzen Materie, eine kostbare, schimmernde, schillernde Essenz zu schöpfen.

Da das Leiden unvermeidlich ist, ist der einzige Weg, es erträglich zu machen, dass man lernt, wie man mit ihm arbeitet, indem man seine Ängste und seine Verzweiflung nutzt, um seinem Leben Farben, Relief und Tiefe zu verleihen. Wer nicht gelernt hat zu leiden, der gleicht einer verlassenen Baustelle: Wenn er sich ausdrücken will, weiß er nicht, welche Materialien er verwenden soll, und er hat keine Ahnung vom Leben der Seele und des Geistes, von seiner Unermesslichkeit, seinen Tiefen, seinen Höhen.

Alle, die etwas wirklich Großes im Leben geschaffen haben, haben viel gelitten, aber aus der schwarzen Tinte dieses Leidens haben sie die schönsten Farben herausgeholt. Nur wer weiß, wie man leidet, kann zu einem Schöpfer werden.

7

Gold und Silber: Sonne und Mond

Die Farbe Gold ist ein Aspekt von Gelb, die Farbe Silber ein Aspekt von Weiß. Diese beiden Farben sind nach zwei Edelmetallen benannt, die sich durch ihre Brillanz und ihre symbolische Bedeutung von den anderen unterscheiden. Gold ist mit der Sonne verbunden, und in der griechischen Mythologie durch Apollo, den Gott des Tages, verkörpert. Und Silber ist mit dem Mond verbunden, verkörpert durch Artemis (für die Römer Diana), die Göttin der Nacht.

Aber der Mond hat zwei Seiten: Er hat eine sichtbare, helle Seite und eine verborgene, dunkle Seite. Über die dunkle Seite regiert Hekate, die Göttin der Magie und insbesondere der schwarzen Magie, deren sich Hexer bei ihren unheilvollen Praktiken bedienen. Die sichtbare Seite des Mondes hingegen, die dem Einfluss der Sonne ausgesetzt ist, repräsentiert die Welt der Klarheit und der Reinheit. Wenn ihr euch auf die helle Seite des Mondes konzentriert, könnt ihr eine regelrechte Reinigungsübung durchführen. Nehmt zum Beispiel während der Zeit des zunehmenden Mondes einen Gegenstand aus Silber – eine Münze oder Schmuck – in die rechte Hand und verbindet euch in Gedanken mit Erzengel Gabriel, dem Erzengel des Mondes, den die Kabbalisten auf dem Sephirothbaum der Sephira Jesod zuordnen. Dann, nachdem ihr euch mit dem Silber gereinigt habt, könnt ihr, um diese Arbeit zu vollenden, in eure rechte Hand einen Gegenstand aus Gold nehmen und euch dabei mit Michael, dem Erzengel der Sonne in der Sephira Tiphereth verbinden.

8

Das Rot und das Weiß

1 – Das Blut, ein Symbol des Lebens

Das Blut ist rot, und selbst wenn die Menschen seine Zusammensetzung und seine Funktionen in wissenschaftlicher Hinsicht nicht kennen, wissen alle, dass es gleichbedeutend ist mit Leben. Es zirkuliert in unserem Körper durch eine Vielzahl von Gefäßen: Arterien, Venen, Kapillaren, und von Kopf bis Fuß durchspült es unseren ganzen Organismus. Es nimmt die Nährstoffe auf, die bei der Verdauung entstehen, verteilt sie und trägt die schädlichen Stoffe, die ausgeschieden werden müssen, mit sich fort. Es besteht aus roten Blutkörperchen, die Sauerstoff aus der Lunge in alle Zellen im Körper tragen und das Kohlendioxid zurück in die Lunge transportieren, sowie aus weißen Blutkörperchen, welche die gesundheitsschädlichen Mikroorganismen zerstören, indem sie sie absorbieren.

Blut wird hauptsächlich mit der Vorstellung von Leben verknüpft, aber es gibt solches und solches Leben. Es gibt ein gesundes, kraftvolles, sprudelndes Leben und ein blutleeres, kränkliches und von allen Arten von Giftstoffen verseuchtes Leben, die der Mensch in seinen Organismus hereinlässt, weil er nicht weiß, wie er zwei grundlegende Aktivitäten in sich selbst durchführen soll: das Atmen und das Essen. Wenn ihr euer Blut reinigen wollt, um es zu einem wirklich regenerativen Faktor zu machen, beginnt mit der Überprüfung der Art und Weise, wie ihr atmet und wie ihr esst.

2 – Blut und Wasser – Ihre Beziehung zu Feuer und Licht

Das Wasser strömt in verschiedenen Kanälen durch die Tiefen der Erde, um sie zu versorgen, genau so, wie das Blut durch unsere Venen und Arterien in unserem Körper zirkuliert.

Das Wasser ist weiß,* das Blut ist rot. Weiß und Rot sind die beiden Farben derselben göttlichen Energie, die sich durch die beiden Prinzipien Männlich und Weiblich manifestieren: Weiß für den Mann und Rot für die Frau auf der physischen Ebene (Beim ersten Geschlechtsverkehr gibt der Mann das Weiß und die Frau das Rot). Und umgekehrt, auf der spirituellen Ebene, bringt der Mann das Rot und die Frau das Weiß.

Das rote Blut und das weiße Wasser sind in Wirklichkeit jedoch keine unterschiedlichen Prinzipien, sondern dasselbe, nur polarisiert. Dasselbe gilt für das Feuer und das Licht. Das Feuer ist rot und das Licht weiß, dennoch sind sie von derselben Natur. Man kann sagen, sie sind Bruder und Schwester, aber auch, dass sie aufeinanderfolgen. Das Licht geht aus dem Feuer hervor, das Feuer bringt es zur Welt. Das Blut hingegen ist eine andere Form des Wassers. Oben ist also das Rot der Ursprung des Weiß, und unten ist das Weiß der Ursprung des Rot.

3 – Blut und Milch

Die Mutter, die ein Kind in ihrem Schoß trägt, nährt es monatelang mit ihrem Blut. Wenn es geboren ist, nährt sie es mit ihrer Milch. Symbolisch steht das rote Blut für Leben, Kraft und Aktivität. Und die weiße Milch steht für Frieden, Reinheit und Sanftmut; es ist ein Prinzip der Harmonie, das die primitiven Instinkte des Blutes ausgleicht. Deshalb ist es immer vorzuziehen, dass die Mutter das

* Man kann natürlich sagen, dass das Wasser von Natur aus farblos ist, aber man sollte wissen, wie man mit der Symbolik der Farben spielt. Als eines der vier Elemente (Feuer: Gelb, Luft: Blau, Erde: Rot) wird ihm die Farbe Grün zugewiesen, aber sein Schaum ist weiß, und wenn das Wasser als Hagel oder Schnee herabfällt, ist es auch weiß.

Neugeborene mit ihrer Milch stillt; und wenn sie stillt, sollte sie sich innerlich darauf vorbereiten, ihm durch diese Milch die Liebe und Zärtlichkeit zu geben, die es so sehr braucht, um sich gut zu entwickeln. Wenn sie aus irgendeinem Grund schlecht gelaunt oder gereizt ist, sollte sie warten, bis sie wieder zur Ruhe gekommen ist, denn negative Gedanken und Gefühle vergiften die Milch, und das Kind erhält Elemente, die für seine körperliche und psychische Gesundheit schädlich sind.

Eine Mutter sollte wachsam sein und sich bewusst machen, dass sie durch das Stillen ihres Kindes etwas von sich selbst in es einfließen lässt. Es ist für sie also der Moment, an diesem Kind eine Arbeit mit den Farben vorzunehmen. Aber nicht nur irgendwelche Farben, sondern die reinen Farben des Prismas. Sie sollte ein Prisma nehmen und diese Farben lange betrachten und sich bemühen, sich diese einzuprägen, um anschließend ihr Kind damit zu durchtränken. Sie sollte sich vorstellen, wie diese Strahlen alle Zellen seines Körpers durchströmen. Und wenn sie es in den Armen trägt, wenn sie sich über seine Wiege beugt, sollte sie es weiterhin mit schönen Farben durchtränken. In diesem Moment wiederholt sie das größte Mysterium der Schöpfung, das Geheimnis Gottes, der die Materie durchdringt, um sie zu beleben.

4 – Alchemistische Interpretation einer volkstümlichen Tradition

In Bulgarien ist es Tradition, dass an den ersten Frühlingstagen jeder zwei Pompons, einen roten und einen weißen, an der Kleidung befestigt. Niemand kennt den Ursprung dieses Brauches, aber im Lichte der alchemistischen Wissenschaft kann er interpretiert werden. Tatsächlich erwähnen einige alchemistische Abhandlungen den roten Mann und die weiße Frau, die auch durch die Sonne (der Mann) und den Mond (die Frau) repräsentiert werden. Nun heißt es, dass die alchemistische Arbeit in dem Moment beginnen muss, in dem die Sonne in das Sternbild Widder (das heißt zu Beginn des Frühlings) und der Mond in das Sternbild Stier eintritt, das unmittelbar auf das Sternbild Widder folgt; in diesem Moment ist die Sonne in der Tat im Widder und der Mond im Stier erhöht. Die Sonne ist rot, der Mond ist weiß, und so finden wir die beiden Prinzipien Männlich und Weiblich wieder, die zusammenwirken, um Leben zu schaffen.

Den Alchemisten ermöglicht diese Arbeit, die man zum Frühlingsanfang beginnen soll, die Gewinnung eines roten Pulvers, das Metalle in Gold umwandelt, und eines weißen Pulvers, das sie in Silber umwandelt. Fragt ihr euch, was euch diese Umwandlung der Metalle in Gold oder Silber angeht? Tatsächlich geht sie jeden von uns an, denn wir alle müssen Alchemisten werden, das heißt lernen, alle unsere unedlen Metalle, unsere Fehler, unsere Schwächen in Gold und Silber zu verwandeln. Diese Transformation kann nur durch Liebe und Weisheit geschehen. Hier entspricht der Liebe das Rosa und der Weisheit das Weiß. Die Umwandlung von Metallen in Gold und in Silber ist ein alchemistischer Prozess, der auf der astralen und der mentalen Ebene durchgeführt werden muss. Um Gedanken (mentale Ebene) in Silber zu verwandeln, ruft man das Licht der Weisheit herbei; und um Gefühle (astrale Ebene) in Gold zu verwandeln, ruft man die Wärme der Liebe herbei.

5 – Die Farbe Rosa

Ein schönes Rot gemischt mit einem reinen Weiß ergibt ein leuchtendes Rosa. Diese Farbe ist die Farbe einer Liebe, die von jedem egoistischen oder gewalttätigen Begehren befreit ist. Es ist die Farbe der Zärtlichkeit. Zwei Wesen, die sich zärtlich lieben, leben in Harmonie, und um diese Harmonie aufrechtzuerhalten, müssen sie ohne Unterlass das Rot der Instinkte (Sinnlichkeit, Aggressivität) mit der weißen Farbe edler und selbstloser Bestrebungen dämpfen.

Das Rosa hat auch eine günstige Wirkung auf die Psyche. Von manchen Leuten sagt man, dass sie »das Leben durch eine rosa Brille sehen«, und man findet sie ein wenig naiv. Für manche

Menschen trifft dies vielleicht zu. Aber das Leben durch eine rosa Brille zu sehen bedeutet auch, sich nicht von allem beherrschen zu lassen, was in der Welt oder im eigenen Leben schlecht läuft, und darüber nachzugrübeln. Es gibt so viele schöne und gute Dinge zu sehen! Indem man bewusst seinen Blick auf das Gute gerichtet hält, auf das, was Hoffnung und Freude macht, stärkt man es. Um trübe Gedanken loszuwerden, bemüht euch, euch auf die Farbe Rosa zu konzentrieren, eben auf das Rosa bestimmter Rosen.

Und wenn ihr die Angriffslust von jemandem euch gegenüber neutralisieren wollt, die sich durch Ströme von roter Farbe äußert, dann solltet ihr, anstatt ihm Kontra zu geben, euch nicht rühren und möglichst mit euren Gedanken einen weißen Lichtstrahl aussenden. Wir sollten von Sokrates lernen: Er heiratete Xanthippe, die, wie es heißt, als die am übelsten gelaunte Frau ganz Griechenlands galt. Und das war, so scheint es, genau der Grund, warum er sie heiratete: um seine Geduld zu üben. Das ist die Philosophie des Weisen! Als Xanthippe ihn mit ihren Beschuldigungen verfolgte, neutralisierte er das Rot, das von ihr ausging, indem er aus seiner Seele die Tugenden der weißen Farbe hervorholte: Selbstbeherrschung, Unschuld und Reinheit.

Es ist zwar manchmal schwierig, ja unmöglich, einen wütenden Menschen zu beruhigen. Ihr könnt auch versuchen, Strahlen in der Farbe Blau, der Farbe des Friedens, auf ihn zu projizieren, aber das Wichtigste ist, sich nicht selbst mitreißen zu lassen, denn das verschlimmert die Situation nur. Ruft dafür die Farbe Weiß noch einmal herbei. Indem ihr sie mit dem Rot mischt, das in euch aufzusteigen beginnt, produziert ihr die Farbe Rosa, und ihr habt zumindest einen Sieg über eure instinkthafte Natur errungen. Und wenn ihr fühlt, dass ihr aus irgendeinem Grund wütend auf jemanden werdet, dann haltet für einige Augenblicke inne und konzentriert euch auf die weiße Farbe: Das Rosa, das ihr so erschaffen habt, wird euch beruhigen und ihr werdet die besten Lösungen zum Handeln finden.

9

Das Rot und das Grün – Der Gralskelch

Für die Astrologen, die den Planeten schon immer Farben zuordneten, ist Rot die Farbe des Mars, und Grün die Farbe der Venus. Wie könnte man die Tatsache ignorieren, dass Mars, die impulsive Energie, mit Venus, der sexuellen Anziehungskraft, verbunden ist? Bei dem, der auf der Ebene der Instinkte lebt, erweckt Mars, der sich als Aggressivität manifestiert, die sinnliche Seite der Venus; und umgekehrt ruft grobe Sinnlichkeit Aggressivität hervor. Für den, der weiß, wie man seine Leidenschaften zähmt, weckt die ritterliche Seite des Mars die spirituelle Liebe der Venus. Ebenso weckt eine spirituelle Liebe edle Inbrunst. Rot ruft also Grün hervor und Grün ruft Rot hervor, mit dem Unterschied, dass im ersten Fall die Farben stumpf und verschwommen sind und im zweiten Fall rein und leuchtend.

Wie oft konnte man das schon bestätigt finden! Wenn sich die Venus als selbstlose Liebe, Schönheit und Anmut manifestiert, manifestiert sich auch Mars; er kommt jedoch nicht, um alles umzuwälzen oder zu zerstören, sondern er unterstützt, bewahrt und stärkt alles, was in einem selbst und in anderen gut ist. Wer gelernt hat, seine Liebe zu vergeistigen, kann sich nicht zur Gewalttätigkeit hinreißen lassen, im Gegenteil, er zieht das mächtige Wohlwollen von Mars an. Und derjenige, der die Eigenschaften von Mars durch Bemühungen in Selbstbeherrschung, Selbstbemeisterung und Mut entwickelt hat, zieht die Gnaden von Venus an, die wie ein Engel kommt, um ihm ihre Liebe zu bringen und ihn in Prüfungen zu unterstützen.

Um den Gralskelch ranken sich viele Legenden. Laut einer von ihnen wurde er aus einem Smaragd geformt, der Luzifer aus dem Diadem fiel, als dieser sich gegen Gott erhob und in den Abgrund geworfen wurde. Diesen Kelch soll Jesus beim letzten Abendmahl benutzt haben. Nach der Kreuzigung sammelte Josef von Arimathäa angeblich darin einige Tropfen seines Blutes und übergab diesen Kelch dann seinem Sohn. Anschließend verloren sich die Spuren. Wie wurde der Smaragd, der von der Stirn Luzifers fiel, diesem Engel, der die ersten Menschen zu Fall brachte, zum Weinkelch in Jesu Händen, als er sein Leben für die Erlösung der Menschheit hingab? Auch wenn dies nur eine Legende ist, ist diese Beziehung zwischen Luzifer und Jesus sehr bedeutungsreich!

Viele versuchten und versuchen es vielleicht immer noch, den Gralskelch zu finden. Aber was auch immer über den Ursprung dieses Kelchs und seine Reisen durch die Zeit gesagt wird, das Wesentliche ist, seine symbolische Bedeutung zu verstehen. Durch seine Form ist ein Kelch eine Darstellung des weiblichen, empfänglichen Prinzips; und der Gralskelch ist aus einem Smaragd geschnitten, also von grüner Farbe, der Farbe der Venus. Es ist das Gefäß, das den Geist sammelt und bewahrt, der hier durch das Blut, der roten Farbe von Mars, des männlichen Prinzips, dargestellt wird. Der Gralskelch ist daher auch das Symbol der Vereinigung der beiden Prinzipien Männlich und Weiblich, des Mars und der Venus, jedoch in ihrem höchsten Aspekt, dort, wo sie mit der Sonne und dem Mond verschmelzen.

Das Ideal des Spiritualisten ist es, selbst zu diesem smaragdgrünen Kelch, dem Heiligen Gral zu werden. Er muss deshalb an seiner eigenen, sowohl der physischen als auch der psychischen Materie arbeiten, um sie zu verfeinern und unbestechlich zu machen, würdig, die kostbarsten Quintessenzen zu sammeln: das Blut Christi, den Geist Christi, die Liebe Christi.

10

Vom Rot zum Blau: Die Auferstehung

Die Auferstehung der Toten am »Jüngsten Tag« ist ein Dogma der christlichen Religion, das selbst viele Gläubige nur schwer anerkennen können; und zu sagen, es handele sich um ein Mysterium, bringt kein Licht in die Angelegenheit.

In seinem ersten Brief an die Korinther schreibt Paulus: »...und das plötzlich, in einem Augenblick, zur Zeit der letzten Posaune. Denn es wird die Posaune erschallen und die Toten werden auferstehen, unverweslich, und wir werden verwandelt werden« (1. Kor 15,52). Die Auferstehung ist ein sehr reales Phänomen, das nichts Mysteriöses hat. Die Toten werden jedoch niemals auferstehen. Die wahre Auferstehung ist ein Prozess psychischer und spiritueller Umwandlung, die in der Seele desjenigen stattfindet, der eine bewusste, aufgeklärte Arbeit an sich selbst macht, ausgerichtet auf ein göttliches Ziel, was natürlich sehr langwierig und sehr schwer zu verwirklichen ist.

Über diesen Umwandlungsprozess kann uns die Chemie in gewisser Weise aufklären. Hier ist das Experiment: Ein paar Tropfen Lackmus werden in eine Säurelösung gegossen. Die Flüssigkeit wird rot. Dann wird eine Basenlösung hinzugefügt, Tropfen für Tropfen. Zuerst sieht man keine Veränderung, macht man aber weiter, wird diese rote Flüssigkeit plötzlich blau. Wundert euch nicht, wenn ich euch sage, dass sich zwischen dem Übergang von Rot zu Blau und der Auferstehung in mehrfacher Hinsicht eine Analogie zeigt. Das Rot ist symbolisch gesehen der alte Adam, der zum

Christus, dem Blau des Himmels, auferstehen muss. Adam ist der Name, der dem ersten Menschen gegeben wurde. »Adamah« ist auf Hebräisch die Erde, und »adom« heißt rot. »Adam«, »adom« und »adamah« haben also die gleiche Wurzel. Wenn der alte Adam, der rote Mensch, stirbt, wird er dem neuen Menschen, Christus, Platz machen, der durch die Farbe Blau symbolisiert wird.

Der Prozess der Auferstehung hat sicherlich in jedem von euch schon lange begonnen. Wenn ihr noch keine großen Veränderungen spürt, liegt das daran, dass die Auferstehung ein extrem langer Prozess der Regeneration ist. Man muss auf den letzten Tropfen warten, damit die Umwandlung, ganz plötzlich, vonstattengeht. Der letzte Tropfen, symbolisch gesehen, ist jene »Posaune«, von der Paulus spricht. Denn ihr sollt wissen, keine Posaune, kein Instrument wird am Ende der Zeit ertönen, um die Toten auferstehen zu lassen. Die endgültige Auferstehung kann nur das Ergebnis einer ununterbrochenen Folge von Auferstehungen sein, die sich langsam in den Seelen der Menschen vollziehen.

11

Das Violett: die Vereinigung von Rot, der Erde und Blau, dem Himmel

Violett entsteht durch eine Mischung aus Rot und Blau. Das Rot, das die Lebenskraft symbolisiert, ist die Farbe der Erde; das Blau, das Frieden und Harmonie symbolisiert, ist die Farbe des Himmels. Im Violett treffen sich also Himmel und Erde, weshalb diese Farbe die Farbe der spirituellen Kraft ist. Zusammen mit dem Goldgelb ist das Violett auch in der Aura der großen Meister sehr präsent, denn im Gegensatz zu dem, was manche sich vorstellen, besteht Spiritualität nicht darin, die irdischen Angelegenheiten aufzugeben, um Zuflucht im Himmel zu suchen, sondern darin, mit Hilfe der Kräfte des Himmels (blau) auf der Erde (rot) zu arbeiten.

Das Violett, dessen Schwingungen die höchsten Frequenzen aufweisen, befindet sich an der Spitze der Farbspirale. Es begünstigt den Zugang zu den Regionen der unsichtbaren Welt, und derjenige, der weiß, wie man sich mit seinen Schwingungen umgibt, steht unter dem Schutz himmlischer Wesenheiten.

Kapitel 4

Die Aura

Höhere Natur

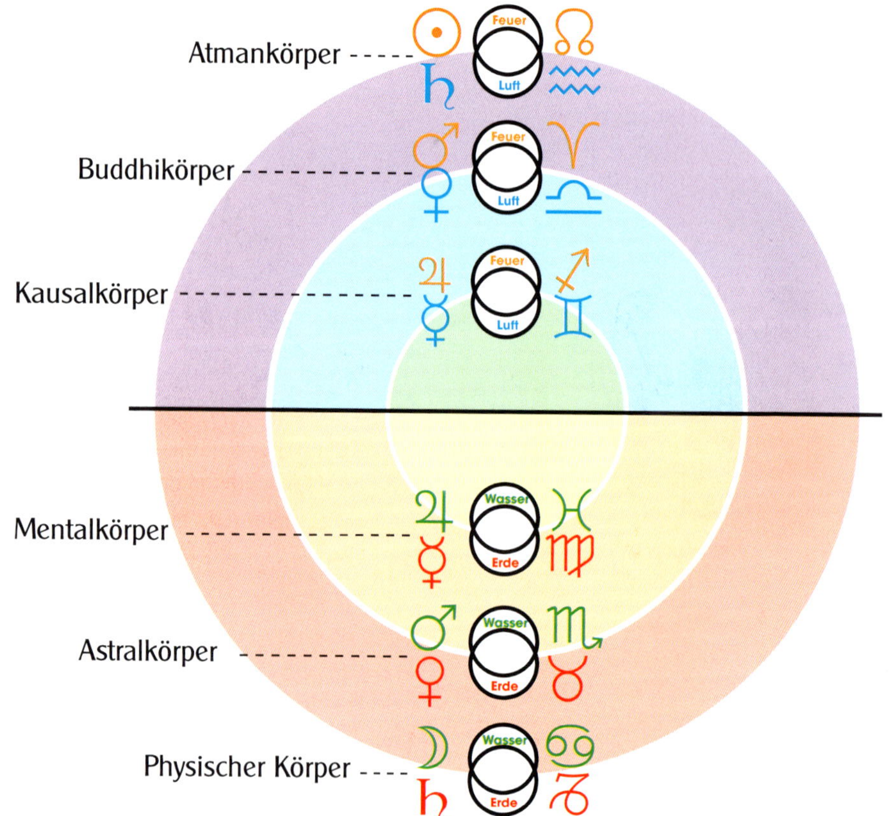

Niedere Natur

Seit Jahrtausenden perfektionieren die Menschen die Gegenstände und materiellen Werkzeuge, die sie zum Überleben, zum Schutz und zur Bewältigung aller Situationen benötigen. Warum fühlen sie sich dennoch innerlich arm, hilflos und ohnmächtig? Weil sie nicht wissen, dass all diese Mittel, über die sie jetzt verfügen, in der einen oder anderen Form auf der psychischen und geistigen Ebene schon immer existiert haben; und diese Mittel befinden sich hauptsächlich in diesem ätherischen Lichthof, von dem sie umgeben sind und den die Einweihungstradition Aura nennt.

In dem Maße wie sie lebendig sind, gehen von Menschen, Tieren, Pflanzen und sogar von Steinen Emanationen aus. Das heißt, sie alle haben eine Aura. Beim Menschen ist die Aura eine Kombination von Emanationen seiner verschiedenen Körper – des physischen Körpers, des Ätherkörpers, des Astral- und Mentalkörpers, des Kausal-, Buddhi- und Atmankörpers –, und durch seine ihm eigenen Emanationen fügt jeder Körper der Aura besondere Nuancen hinzu. Bei den einen ist sie sehr ausgedehnt, von starken Schwingungen belebt, und hat prächtige Farben, bei anderen ist sie im Gegenteil eng begrenzt, dunkel und verschwommen. Es hängt alles davon ab, was für ein Leben sie führen.

1

Wesensart und Funktion der Aura

Man kann die Aura mit der Atmosphäre vergleichen, die unseren Planeten, die Erde, umgibt. Wenn die Erde plötzlich ihrer Atmosphäre beraubt würde, wäre sie all den chaotischen Strömungen und Wellen ausgesetzt, die durch den Raum ziehen. Ebenso haben die Menschen, die Arten von Planeten sind, selbst auch eine Atmosphäre, die die Strömungen filtert, denen sie ausgesetzt sind. Da es eine Analogie zwischen unserer Aura und der Erdatmosphäre gibt, kann man sagen, dass unsere Aura aus Elementen besteht, die auf der psychischen und spirituellen Ebene denen der physischen Ebene entsprechen. Nehmen wir zum Beispiel Ozon. Die Ozonschicht, die unseren Planeten umgibt, absorbiert einen großen Teil der gefährlichen ultravioletten Strahlen, die im Raum kreisen und das Leben von Menschen, Tieren und Pflanzen bedrohen. Ihr habt alle schon von der Ozonschicht gehört, vor allem, wenn Wissenschaftler die Öffentlichkeit auf die Löcher aufmerksam machen, die die Umweltverschmutzung in dieser Schutzschicht verursacht.

In der Atmosphäre um uns herum, in unserer Aura, gibt es auch eine Art Ozonschicht, die uns vor den schädlichen Strömungen schützt, denen wir ausgesetzt sind. Ein Mensch, der in der Lage ist, Hass, Misstrauen oder Eifersucht zu ertragen, der sich nicht durch äußere Ereignisse aus der Bahn werfen lässt, kann das nur, weil es ihm mit seiner Liebe und Weisheit gelungen ist, um sich herum eine spirituelle Ozonschicht, eine Lichthülle zu schaffen, durch die er geschützt ist. Verschiedene Nervenkrankheiten werden durch den Mangel an spirituellem Ozon in der Aura verursacht.

Und wundert euch nicht, wenn ich euch sage, dass es in unserer Aura auch das Äquivalent gibt von den lebenswichtigen Elementen wie Sauerstoff, Wasserstoff, Kohlenstoff und Stickstoff. Spiritueller Sauerstoff steht für Feuer: Er liefert das Licht und die Wärme, die für das Wachstum der Keime notwendig sind, die der Schöpfer in uns hineingelegt hat. Spiritueller Wasserstoff, der das Wasser darstellt, sorgt für die Feuchtigkeit, damit die Keime nicht vertrocknen. Spiritueller Kohlenstoff trägt zur Stabilität und zur Widerstandsfähigkeit bei und Stickstoff zum Maß und zum Gleichgewicht.

Man kann die Aura auch mit der Haut vergleichen, dem lebendigen Gewebe, das unseren Körper umgibt. Dank ihrer Poren ermöglicht die Haut den Austausch zwischen unserem Organismus und der Außenwelt, sie weist Unreinheiten ab und absorbiert reine Energieströme. Man weiß, dass Schwitzen der Gesundheit zuträglich ist; aber es reicht nicht aus, dass der physische Körper schwitzt, auch die Seele und der Geist sollten schwitzen. Natürlich muss hier das Wort »schwitzen« sehr weit gefasst werden, als Symbol für den Austausch zwischen dem Makrokosmos (dem Universum) und dem Mikrokosmos (dem Menschen). Und wenn auf der physischen Ebene dieser Austausch durch die Haut erfolgt, so geschieht er auf den subtilen Ebenen durch unsere spirituelle Haut, die Aura. Durch die Aura schwitzen unsere Seele und unser Geist, das heißt, sie tauschen sich mit göttlicher Weisheit und Liebe aus. Liebe lässt die Seele schwitzen, und Weisheit lässt den Geist schwitzen.

Die Haut ist eine Art Messgerät, das uns Kälte, Hitze, Härte, Weichheit usw. spüren lässt, was uns ermöglicht, uns zu schützen. Dies ist eine weitere Funktion der Aura, unserer spirituellen Haut. Derjenige, dessen Aura schwach und dunkel ist, ist allen Aggressionen der psychischen Welt ausgesetzt. Jemand beschwert sich: »Als er mich ansah, war es, als hätte er kaltes Wasser auf mich gespritzt... oder als hätte ich einen Messerstich bekommen...« Hätte er daran gearbeitet, seine Aura zu klären und zu stärken, wäre er geschützt gewesen. Manche Menschen sind krank, aber ihre Krankheit hat überhaupt keine körperliche Ursache, es ist ihre Aura, die Mängel aufweist. Die wahre Medizin setzt also dort an: bei der Aura.

Eine weitere Funktion der Aura ist es, den Austausch zwischen den Gestirnen, die am Himmel kreisen und den Gestirnen, die in uns sind, sicherzustellen. Man sagt, dass es günstige und ungünstige Planeten gibt. Aber wie erklärt es sich dann, dass ein und derselbe Planet, zum Beispiel Saturn, sich auf manche günstig und auf andere ungünstig auswirkt? Es ist so, weil derjenige, der nur die schlechten Auswirkungen spürt, sich nicht darauf vorbereitet hat, seine guten Strömungen aufzunehmen. In Wirklichkeit sind alle Planeten günstig, aber ihre Wirkung auf den Menschen hängt von seiner Aura ab. Wenn sie Elemente enthält, die es den Tugenden eines Planeten nicht ermöglichen, in den Menschen einzufließen, verändern sich die Ströme, die der Planet ausgesendet hat, und erzeugen Störungen. Ist die Aura hingegen klar und kraftvoll, werden sogar schlechte Einflüsse nicht nur neutralisiert, sondern wirken sich auch günstig auf ihn aus.

Und schließlich erweitert unsere Aura auch unsere Menschenkenntnis. Wenn sie rein ist, macht sie uns sensibel für das, was in den Seelen der Menschen verborgen ist. Selbst wenn sie dies durch keine Geste, kein Wort oder keinen Gesichtsausdruck zeigen, empfinden wir ihre verschiedenen Zustände als chaotische, dunkle Strömungen, die uns innerlich verkrampfen, oder im Gegenteil als harmonische Licht- und Wärmewellen, die uns entspannen und glücklich machen.

2

Unser Gewand aus Licht

In heiligen Büchern liest man manchmal, dass derjenige, der seine niederen Neigungen und seine groben Begierden überwunden hat, um in Achtung vor den göttlichen Gesetzen zu leben, als Belohnung ein Kleidungsstück erhält: einen Mantel, eine Tunika oder einen Schleier. Dieses Kleidungsstück kann weiß oder farbig sein, aber es ist immer aus kostbarem Stoff, einem Material von fast unwirklicher Schönheit.

Im Alten Testament heißt es, Josef habe von seinem Vater Jakob eine schöne Tunika erhalten, von der genau vermerkt wird, dass sie mehrfarbig war. Diese präzise Aussage legt eine Verbindung nahe zwischen diesem Gewand und der Aura, deren reine und schimmernde Farben mit den göttlichen Tugenden verbunden sind. Die Geister der sieben Lichter, die vor dem Thron Gottes stehen, sind die ersten Manifestationen dieser Tugenden.

Jakob bot deshalb seinem Sohn ein solches Gewand an, weil er in ihm ein außergewöhnliches, auserwähltes Wesen erkannte. Dieses symbolische Kleidungsstück wird all denen als Belohnung gegeben, die eine innere Arbeit der Meisterschaft, der Läuterung, der Reinigung vollbracht haben. Alle farbigen Fäden, aus denen es gewebt wird, stehen uns zur Verfügung, aber es liegt an uns, nach ihnen zu suchen und sie geduldig zu weben. Die Aura ist also ein echtes Gewand, und in dem Maße, wie wir es gestalten, gewährleistet es unseren Schutz, es schützt uns vor unseren inneren, aber auch vor unseren äußeren Feinden. Erinnert euch, wie Josef Prüfungen bestehen musste, die er vielleicht nicht hätte überleben können.

Um den Erhalt dieses Kleidungsstückes zu verdienen, müssen wir uns von allem befreien, was uns beschwert und verdunkelt. Dieses Kleidungsstück, das wir mit Lichtfäden weben können, macht uns würdig, an den Feiern teilzunehmen, die im Himmel gefeiert werden. Und weil das Kleidungsstück auch ein Schutz ist, wenn wir dunklen, feindlichen Strömungen ausgesetzt sind, treffen sie, bevor sie uns erreichen, auf unsere Aura, die sie nicht eindringen lässt. In diesem Gewand der Aura sind wir in einer Art Festung, und wenn alle um uns herum aufgeregt und verwirrt sind, verlassen uns weder Liebe noch Mut, weil wir uns von einer leuchtenden Gegenwart bewohnt fühlen, deren Einfluss sich auch auf die anderen erstreckt.*

Übungen zur Konzentration auf die Farben können euch helfen, das Gewand der Aura zu weben. Aber tatsächlich bringen diese Übungen nur dann Ergebnisse, wenn ihr euch täglich bemüht, euch selbst zu vervollkommnen und eure Gedanken, eure Gefühle, eure Wünsche zu beherrschen; denn die Aura ist eine Emanation des Innenlebens. Durch die Liebe werdet ihr sie beleben, durch die Weisheit werdet ihr sie erhellen, durch die Selbstbeherrschung werdet ihr sie stärken, durch die Reinheit werdet ihr sie immer klarer und transparenter machen.

Es gibt also zwei Methoden, an der Aura zu arbeiten. Die erste: Mit Hilfe des Denkens und der Vorstellungskraft konzentriert ihr euch auf die Farben und umgebt euch mit ihnen. Die zweite, viel effektivere, besteht darin, die Tugenden zu entwickeln, die den Farben entsprechen. Selbst wenn ihr keinerlei Konzentrationsübungen macht und nur die göttlichen Tugenden in euch pflegt, webt

* Omraam Mikhaël Aïvanhov sagte eines Tages: »Obwohl die Aura unser wahres Kleidungsstück ist, bedeutet das nicht, dass man nicht auf die Farben der Kleidungsstücke achten sollte, die man im Alltag trägt. Diese Farben haben tatsächlich einen Einfluss auf euch und eure Umgebung.« Und in einem Sommer, in dem die Mode sehr lebhaft, kontrastreich, und sogar grell war, intervenierte er schließlich. Er bat darum, dass Frauen bei den Versammlungen im Kongress-Zentrum Bonfin vorzugsweise einfarbige, pastellfarbene Kleider und die Männer weiße Kleidung tragen sollten. Das vermittelt einen Gesamteindruck von großer Harmonie.

ihr allmählich dieses Gewand aus Licht um euch herum, dessen Farben immer schöner und intensiver erscheinen werden, ob ihr es wolltet oder nicht, ob ihr daran dachtet oder nicht. Und weil die himmlischen Wesen nur für die Atmosphäre empfänglich sind, die jene Menschen umgibt, die gelernt haben, an ihrer Aura zu arbeiten, werden sie, sobald sie euch von Weitem wahrnehmen, zu euch hineilen. Und auch die Menschen werden spontan versuchen, sich euch zu nähern, denn sie werden bei euch eine Gegenwart spüren, die auch sie ernährt und erleuchtet.

Es gibt Menschen, in deren Gegenwart man sich sofort wohl fühlt, ohne zu wissen warum. Tatsächlich handelt es sich bei dem, was man fühlt um himmlische Wesen, die gegenwärtig sind und die von den Farben ihrer Aura angezogen werden. Denn die himmlischen Wesen ernähren sich von Farben, und wenn sie einen Menschen sehen, der von reinen Farben umgeben ist, kommen sie, um sich in ihm niederzulassen. Ein Mensch ist natürlich eine individuelle Wesenheit, aber diese Wesenheit beherbergt andere Wesenheiten, ein ganzes Volk, das seine Gedanken, Gefühle und Wünsche angezogen haben. Jeder Gedanke, jedes Gefühl, jeder Wunsch ist eine Art Gemälde, das der Mensch den Blicken der himmlischen Geister präsentiert, und sie verweilen nur bei jenen mit den schönsten Farben – bis zu dem Tag, an dem sie in diesem Wesen wohnen werden. Es ist die Gegenwart dieser Geister, welche die Menschen, die ihm begegnen, spüren, und das umso mehr, als diese Gegenwart auch auf sie wirkt.

3

Der Ursprung von Orden

Es gibt eine Tradition, die in den meisten Ländern existiert: Wenn sich die Menschen durch ihre Weisheit, ihren Mut, ihr Talent, ihre Hingabe auszeichnen, erhalten sie einen Orden, den sie auf einem Kleidungsstück tragen, wie zum Beispiel ein Kreuz, eine Medaille, ein farbiges Band und so weiter. Diese Auszeichnung beweist, dass ihr Verdienst anerkannt wurde. Eine solche Tradition, deren Ursprung nicht bekannt ist, unterliegt einem Gesetz, nach dem alles, was in der sichtbaren Welt geschieht, seinen Ursprung in der unsichtbaren Welt hat. Wenn es einem Menschen gelingt, eine Schwäche zu überwinden, eine Tugend zu entwickeln, wird das in seiner Aura als Strahl, als Farbe oder sogar als geometrische Figur wie zum Beispiel ein Pentagramm, ein Dreieck, ein Kreis usw. aufgezeichnet. Die Hellsichtigen, die über dem Kopf eines Eingeweihten einen fünfzackigen Stern, einen Halbmond oder eine Sonne bemerkten, sehen etwas, das in seiner Aura wirklich existiert.

So haben diejenigen, die eines Tages beschlossen, den Verdienst bestimmter Menschen mit einem Orden zu belohnen, instinktiv ein Ereignis wiederholt, das wirklich in der unsichtbaren Welt stattfindet. Die Frage ist jetzt nicht, ob alle Menschen, denen man einen Orden verleiht, diesen wirklich verdienen. Ich spreche hier vom Prinzip: Alles, was an Bräuchen und Überlieferungen existiert, ist nicht einfach eine Erfindung der Menschen, sondern hat seinen Ursprung in der psychischen und spirituellen Welt.

4

Der magische Kreis

Alle Bücher über Magie bewahren die Spuren der sehr alten Wissenschaft über die Aura. Nach der Überlieferung zieht ein Magier, der sich darauf vorbereitet, eine Zeremonie durchzuführen und die Geister zu beschwören, die ihm bei seinen Praktiken helfen sollen, mit seinem Stab auf dem Boden einen Kreis um sich herum; und in diesen Kreis kann er auch die Namen Gottes und Symbole schreiben. Aber die magischen Bücher erklären nicht, dass dieser Kreis tatsächlich auf der physischen, materiellen Ebene die Darstellung dieses anderen Kreises, der Aura, ist.

Zuerst muss der Magier in seinem eigenen Inneren diesen magischen Kreis zeichnen, denn alles muss bereits innerlich verstanden und verwirklicht werden. Wenn er einfach einen Kreis um sich zieht, ohne vorher seine Aura möglichst rein und klar zu machen, hat er keinen Erfolg. Und das ist gut so! Denn hat er Erfolg, beginnen die Wesenheiten, die ihm gehorcht hatten, als er innerhalb des Kreises war – da sie dort verpflichtet sind, dieses Symbol und die ausgesprochenen Worte zu respektieren –, ihn zu verfolgen. Wie viele angebliche Magier scheiterten oder nahmen ein schlimmes Ende, weil sie nicht wussten oder nicht wissen wollten, dass sie, bevor sie sich auf bestimmte Praktiken einließen, sich mit einem wahren Lichtkreis hätten umgeben müssen! Und dieser Kreis entsteht durch Selbstlosigkeit, Reinheit, Liebe und Opferbereitschaft.

Man muss die Natur der Magie verstehen. Diese Macht ist die Macht der Aura. Ein Magier ist ein Mensch, der in der Lage ist, den Wesenheiten der unsichtbaren Welt eine Materie zur Verfügung zu stellen, dank der sie mit der physischen Ebene in Kontakt kommen. Je nach seinen Anliegen, seinen Aktivitäten, strömt er Fluida einer bestimmten Art aus, und es sind diese Fluida, die es den Wesenheiten ermöglichen, sich zu inkarnieren und zu handeln. Die Aura eines Menschen, der von seiner niederen Natur beherrscht ist, kann nur eine Vielzahl von dunklen Geistern anziehen. Sie eilen herbei, um sich von all den unguten Ausdünstungen zu ernähren, die aus ihm hervorströmen, und sie benutzen sie, um Böses zu tun. Dieser Mensch mag zwar nicht direkt Böses tun, aber er liefert die Materie, die die finsteren Geister benutzen. Und umgekehrt bietet die Aura eines Wesens, das sein Leben dem Licht geweiht hat, spirituellen Wesenheiten die Elemente, die sie nutzen, um überall Segen zu bringen. Eine sehr reine Materie und reine Farben strahlen von ihm aus, die diese Wesen sammeln, so wie die Bienen den Nektar der Blumen sammeln, um Honig zuzubereiten.

Ein Eingeweihter zieht seine Kräfte aus dem Licht und den reinen Farben seiner Aura, die sich in ständiger Bewegung befinden; sie ähneln einem Feuerwerk, immer gleich und doch immer anders. Da seine Aura ein Teil von ihm ist, übt er überall, wo er hingeht, einen Segen bringenden Einfluss auf alle Reiche aus, auf das Mineral-, das Pflanzen-, das Tier- oder das Menschenreich. Außerdem hilft er durch seine Aura den nicht inkarnierten Wesen, die zu Milliarden und Abermilliarden im Raum existieren. Wenn er sich auf Erden nur um eine kleine Anzahl von Männern und Frauen kümmern kann, steht er andererseits unaufhörlich in Kontakt mit einer Vielzahl von Geschöpfen, die sich in seinem Licht, seiner Wärme und seinem Leben regenerieren, damit sie sich weiterentwickeln können.

Es heißt, dass sich die Aura des Buddha über mehrere Orte erstreckte; und in der Tat gibt es spirituelle Meister, die in der Lage sind, ihre Aura so zu vergrößern, dass sie ihren Schutz auf eine ganze Region ausdehnen und die Aura ihrer Bewohner durchdringen, um ihnen neues Leben einzuhauchen. Sie haben keinen anderen Wunsch, als die größte Anzahl von Geschöpfen unter ihre Fittiche zu nehmen. Durch ihre Aura wirken sie auch auf atmosphärische Strömungen und kommen mit der Sonne und den anderen Planeten in Kontakt.

Ich brauchte nicht erst aus esoterischen Büchern zu lernen, um zu entdecken, dass der Mensch diese Art von magischem Kreis, die Aura besitzt, dass er sie mit seinen Schwingungen erfüllt. In der Nähe von Meister Peter Deunov war es sofort eine erlebte Erfahrung. Ich war mir seiner Größe, seiner Weisheit bewusst, aber für mich war es das Wichtigste, in seiner Aura zu leben. Alle Lichtteilchen, die seine Gegenwart sanft und kraftvoll verbreitete, habe ich ohne mein Wissen absorbiert: Sie haben in mir gewirkt, sie wirken immer noch und werden noch lange wirken. Denn die Strahlung, die von einem Wesen mit intensivem spirituellem Leben erzeugt wird, ist etwas Lebendiges, eine Welt von Lichtströmen und von Farben durchzogen und bewohnt von sehr reinen Wesen.

Wenn ich nach Izgrev* ging, konnte ich aus der Ferne bereits sagen, ob der Meister anwesend war oder nicht. Diesen Eindruck werde ich nie vergessen. Wenn er anwesend war, vibrierte alles, man spürte etwas in der Luft, das zitterte, das flimmerte, das lebendige Atome hinausprojizierte. Scheinbar gab es nichts Besonderes, aber der Friede, die Ausstrahlung des Meisters erfüllte den Raum. Es schien, als ob selbst die Tiere, sogar die Bäume, die Gräser und die Steine es fühlten. Und wenn er weg war, schien alles verlangsamt zu leben: Da war etwas Regungsloses, Stagnierendes in der Luft, eine Leere, die uns alle erstaunte. Luft und Wasser, beide sind ein empfängliches Medium, aber noch mehr das Wasser. Es wird durch die Anwesenheit mancher Wesen schnell gereinigt oder verunreinigt.

* Wohnort von Meister Peter Deunov und Bruderschafts-Zentrum in der bulgarischen Hauptstadt Sofia.

Die Aura eines Meisters ist deshalb mächtig, weil er aus den Lichtquellen trinkt. Ob er spricht oder schweigt, geht oder steht, die Augen schließt oder uns anschaut, der Meister verbreitet durch alles, was er tut, segensreiche Wellen um sich herum. Meister Peter Deunov war ein Zentrum, von dem lebendige Schwingungen ausgingen. Es war die Aura des Meisters, die das Beste in mir erweckte und all mein Streben nährte. Ja, das Wichtigste war nicht die Lehre, die er durch sein Wort vermittelte, das Wichtigste war die intensive Schwingung seines Geistes, die in mich eindrang.

So arbeitet jeder wahre Meister an seinen Schülern. Er beschränkt sich nicht darauf, seine Ideen und seine Überzeugungen mit ihnen zu teilen. Die Teilchen, die von ihm ausgehen, sind so lebendig, so kraftvoll, dass sie beim Durchdringen der Aura seiner Schüler in die Struktur ihres Wesens einfließen und dort Verwandlungen hervorrufen. Diejenigen, die diese Emanationen mit Liebe empfangen, erhalten die Weisheit ihres Meisters, die Kräfte ihres Meisters und werden endlich frei, so wie er.

5

Ein Passierschein für die andere Welt

Wenn ein Mensch stirbt, wird seiner Seele nicht einfach deshalb, weil seine Verbindung zu seinem physischen Körper unterbrochen wurde, sofort erlaubt, die göttliche Herrlichkeit zu schauen. Es ist im Jenseits genauso wie auf der Erde. Wenn ihr beispielsweise bestimmte Orte betreten wollt, zu denen die Öffentlichkeit in der Regel keinen Zutritt hat, müsst ihr euch zuerst an einen Beamten wenden, der euch ein Papier mit einem Stempel und Unterschriften gibt. Ihr geht durch eine Tür, dann durch eine andere, dann durch noch eine, und wartet... Schließlich empfängt euch jemand, hört euch zu und sagt zu euch: »Wir werden sehen, kommen Sie in einer Woche wieder!«, denn es muss zuerst ein Minister oder eine andere befugte Person befragt werden. Ihr kommt zurück, und wenn alles gut geht, bekommt ihr einen Passierschein, den ihr sorgsam aufbewahrt.

Wenn es auf der Erde Orte und Gebiete gibt, in die man nur mit einem Passierschein, einem Personalausweis oder einem Visum einreisen kann, gilt das umso mehr für die göttliche Welt. Es reicht nicht aus, dass ihr euch an den Toren des Himmels vorstellt, dass sie sich euch gleich öffnen. Es sind Wesen da und sagen zu euch: »Warten Sie, wir prüfen, ob wir Sie hereinlassen können.« Und wer entscheidet dann? Eure Tugenden. Ja, jedes Mal, wenn ihr in Übereinstimmung mit den göttlichen Tugenden gehandelt habt, haben sie euch mit ihrem Siegel gezeichnet, jede einzelne Tugend hat Einprägungen in eurer Aura hinterlassen. Das ist euer Passierschein.

Ausgestattet mit diesem Passierschein, stellt ihr euch also an der Grenze der göttlichen Welt vor. Es wird eine Art Mechanismus ausgelöst und ihr dürft eintreten. Ihr werdet vielleicht nicht sofort zum Allerheiligsten vorgelassen, aber ihr tretet ein.

Ihr fragt euch, ob es diese Einprägungen, von denen ich gerade spreche, wirklich gibt? Ja, sie erscheinen in der Aura als Farben, von denen jede einer der sieben Tugenden entspricht. Strebt danach, diese Tugenden zu entwickeln; und eines Tages werdet ihr, so wie die sieben Geister, mit den reinen Farben eurer Aura vor dem Thron Gottes stehen.

Bücher von Omraam Mikhael Aivanhov

Reihe Gesamtwerke

Band 1 - Das geistige Erwachen

Geboren aus Wasser und Geist * „Bittet, so wird euch gegeben. Suchet, so werdet ihr finden. Klopfet an, so wird euch aufgetan." * In den Augen offenbart sich die Wahrheit * Die Ohren bergen die Weisheit * Von der Liebe kündet der Mund * Liebe, Weisheit, Wahrheit * Bei Meister Deunov in Bulgarien Erlebtes * Die lebendige Kette der Universellen Weißen Bruderschaft.

Band 2 - Die spirituelle Alchimie

Sanftmut und Demut * Wenn ihr nicht sterbt, werdet ihr nicht leben * Lebendiger und bewusster Austausch * Der treulose Verwalter * »Sammelt euch Schätze...« * Das Wunder von den zwei Fischen und den fünf Broten * Die Füße und der Solarplexus * Das Gleichnis vom Weizen und vom Unkraut * Die spirituelle Alchimie * Die geistige Galvanoplastik * Die Rolle der Mutter während der Schwangerschaft

Band 3 - Die beiden Bäume im Paradies

Das theozentrische, das biozentrische und das egozentrische System * Die beiden ersten Gebote * Was das menschliche Gesicht offenbart * Die magische Kraft der Gesten und des Blickes * »Schreitet voran, während ihr das Licht habt!« * Der Rat des Weisen * Das Gleichnis von den fünf klugen und den fünf törichten Jungfrauen * Das Öl der Lampe * Die beiden Bäume des Paradieses * Die Achsen Widder-Waage und Stier-Skorpion * Die Schlange in der Genesis * Die Heimkehr des verlorenen Sohnes

Band 4 - Das Senfkorn

Symbole im Neuen Testament * »Das ist aber das ewige Leben, dass sie Dich, den einzig wahren Gott, erkennen...« * Der weiße Stein * »Und wer auf dem Dach ist...« * »Wer mir nachfolgen will, nehme sein Kreuz auf sich« * Der Geist der Wahrheit * Die drei großen Versuchungen * Das Kind und der Greis * »Ach, dass du kalt oder warm wärest!« * »Das ist ein köstlich Ding, dem Herrn danken...« * Das Senfkorn * Der Baum über dem Fluss * »Wachset und mehret euch...«.

Band 5 - Die Kräfte des Lebens

Das Leben * Charakter und Temperament * Gut und Böse * Der Kampf mit dem Drachen * Anwesenheit und Abwesenheit * Gedanken sind lebendige Wesenheiten * Die unerwünschten Wesen * Die Kraft des Geistes * Das Opfer * Das hohe Ideal * Frieden.

Band 6 - Die Harmonie

Die Harmonie * Die Medizin muss auf einer esoterischen Philosophie gegründet sein * Die Zukunft der Medizin * Der Schüler muss die Sinne für die geistige Welt entwickeln * Was uns das Haus lehrt * Wie die Gedanken sich in der Materie verwirklichen * Die Meditation * Menschlicher Intellekt und kosmische Intelligenz * Sonnengeflecht und Gehirn * Das Harazentrum * Das geistige Herz * Die Aura.

Band 7 - Die Reinheit, Grundlage geistiger Kraft

Jesod spiegelt die Tugenden aller anderen Sephiroth wider * Wie die Reinheit zu verstehen ist * Die Ernährung, Ausgangspunkt einer Studie über die Reinheit * Die Auswahl * Die Reinheit und das geistige Leben * Die Reinheit in den drei Welten * Der Lebensstrom * Friede und Reinheit * Von der magischen Kraft des Vertrauens * Die Reinheit der Worte * Man muss sich erheben, um die Reinheit zu finden * »Selig, die reinen Herzens sind« * Die Tore des himmlischen Jerusalem * Liebe und Sexualität * Die Sünde wider den Heiligen Geist ist die Sünde wider die Liebe * Ergänzende Erläuterungen * Die Quelle * Das Fasten * Wie man sich waschen soll * Von der wahren Taufe * Wie man während der Atemübungen mit den Engeln der vier Elemente arbeitet.

Band 9 - Im Anfang war das Wort – Kommentare zu den Evangelien

»Im Anfang war das WORT« * »Man füllt keinen neuen Wein in alte Schläuche« * »Vaterunser« * »Suchet zunächst nach dem Reich Gottes und Seiner Gerechtigkeit« * »Die Ersten werden die Letzten sein« * Weihnachten * Der Sturm, der sich gelegt hat * »Die höchste Zuflucht« * »Vater, vergib ihnen, denn sie wissen nicht, was sie tun« * Die Sünde wider den Heiligen Geist ist die Sünde wider die Liebe * Die Auferstehung und das Jüngste Gericht * »Im Haus meines Vaters gibt es viele Wohnungen« * Der Körper der Auferstehung.

Band 10 - Sonnen Yoga – Pracht und Herrlichkeit von Tiphereth

Die Sonne, Mittelpunkt des Universums * Wie man die ätherischen Lichtteilchen aus der Sonne aufnehmen kann * Unsere Seele nimmt beim Betrachten der Sonne deren Gestalt an * Unser höheres Ich wohnt in der Sonne * Die Sonne bringt die Samen zum Wachsen, die der Schöpfer in uns gelegt hat * Wie man die Heilige Dreifaltigkeit in der Sonne wiederfindet * Alle Geschöpfe haben ihr Zuhause * Der Rosenkranz der sieben Perlen * Der Meister im Rosenkranz der sieben Perlen * Jedes Geschöpf soll seine Wohnstätte schützen – Die Aura * Der heliozentrische Standpunkt * Liebt wie die Sonne! * Ein Meister soll wie die Sonne im Mittelpunkt bleiben * Steigt über die Wolken! * Die Sephira Tiphereth * Die Geister der 7 Lichtstrahlen * Das

Prisma als Sinnbild des Menschen * Der neue Himmel und die neue Erde * Die Sonne kann das Problem der Liebe lösen * Die Telesma-Kraft * Die Sonne ist Gottes Ebenbild * »Im Geist und in der Wahrheit« * Christus und die Sonnenreligion * Tag und Nacht (Bewusstsein und Unterbewusstsein) * Die Sonne ist der Begründer der Kultur * Die Sonne und die Lehre von der Einheit * Die Sonne ist der beste Pädagoge, weil sie ein Vorbild darstellt * Die Sonne, das Herz des Universums * Die drei Arten von Feuer * Richtet alles auf ein einziges Ziel aus.

Band 11 - Der Schlüssel zur Lösung der Lebensprobleme

Die Personalität ist der niedere Ausdruck der Individualität * Der Mensch soll zu seiner Individualität zurückfinden * Sinn und Ziel von Jnani-Yoga * Vom Nehmen und Geben (Sonne, Mond und Erde) * Personalität und Individualität: Die Begrenzung der unteren Welt * Die unendliche Weite der höheren Welt * Die Individualität bringt das wahre Glück * In der Personalität absterben, um in der Individualität aufzuleben * Der eigentliche Sinn der Gärung aus esoterischer Sicht * Die Individualität wünscht Gottes Willen zu tun * Das Gleichnis vom Baum * Zwei Arbeitsmethoden zur Bewältigung der Personalität * Wie sich der Mensch von seiner Personalität ausbeuten lässt * Aus der Sicht der Individualität * Über den Sinn des Opfers in den Religionen * Die Individualität allein vermag das durch die Personalität gestörte Gleichgewicht wieder herzustellen * »Gebt dem Kaiser, was des Kaisers ist!« * Die Personalität ist der Sockel der Individualität * Sucht nach himmlischen Verbündeten zum Kampf gegen die Personalität! * Vom richtigen Einsatz der Kräfte der Personalität * Wie man die inneren Tiere bezähmt * Die Sexualkraft kann zur Entwicklung der höheren Natur genutzt werden * Das Wirken für die weltweite Verbrüderung.

Band 12 - Die Gesetze der kosmischen Moral

Ihr werdet ernten, was ihr gesät habt * Die Wahl ist wichtig: Sucht die Arbeit und nicht das Vergnügen * Schöpferische Tätigkeit als Mittel zur inneren Entwicklung * Die Gerechtigkeit * Das Gesetz der Affinität und der Frieden * Das Gesetz der Affinität und die wahre Religion * Naturgesetze und moralische Gesetze * Die Reinkarnation * Macht nicht auf halbem Wege halt * Über den rechten Gebrauch der eigenen Energien * Wie man die Quintessenz erlangt * Die Moral der Quelle * Warum wir unsere Vorbilder in den höheren Regionen suchen sollen * Durch seine Gedanken und Gefühle wirkt der Mensch schöpferisch auf die unsichtbare Welt ein * Lasst die Verbindung nicht abbrechen * »Bist du Licht, dann gehst du zum Licht« * Das ätherische Doppel * Die neuen Muster * Die Moral bekommt ihre volle Bedeutung in der jenseitigen Welt * Die beste pädagogische Methode ist das Beispiel * »Wenn dich jemand auf die rechte Backe schlägt«.

Band 13 - Die neue Erde

Gebete * Am Morgen * Für den Tag * Am Abend * Die Ernährung * Das Verhalten * Laster und Schwächen * Negative Gemütsverfassung * Schwierige Lebenslagen * Anleitungen zur Reinigung und Läuterung * Mitmenschliche Beziehungen * Beziehungen zur Natur * Die Sonne * Die Sterne * Das Wirken mit der Denkkraft * Die geistige Galvanoplastik * Der Solarplexus * Das Hara-Zentrum * Das Wirken mit dem Licht * Die Aura * Der Lichtleib * Einige Sprüche und Gebete * Spirituelle Gymnastikübungen.

Band 14/15 - Liebe und Sexualität

Band 14: Die beiden Prinzipien männlich und weiblich * Den Stier bei den Hörnern packen * Die Kraft des Drachens * Geist und Materie, die Sexualorgane * Die Eifersucht * Die zwölf Tore von Mann und Frau * Die Vergeistigung der Sexualkraft * Lernt richtig zu essen, um lieben zu lernen * Die Rolle der Frau in der neuen Kultur * Die Bedeutung der Nacktheit in der Einweihung * Liebe ist im ganzen Weltall enthalten * Wie kann man den Begriff der Ehe erweitern? * Die Schwesterseele * Die Frage der Bindungen.

Band 15: Die wahre Ehe: Geist und Materie * Die Sonne, Quelle der Liebe * Die Vestalinnen oder die neue Eva * Gebt der Liebe ihre Reinheit zurück * Die Liebe verwandelt die Materie * Die Aufgabe eines Schülers * Tantra-Yoga * Nutzt die Kräfte der Liebe in rechter Weise * Das Glück liegt in der Erweiterung des Bewusstseins * "Was ihr auf Erden binden werdet..." * Die wahren Waffen: Liebe und Licht * Auf dem Weg zur großen Familie.

Band 16 - Alchimie und Magie der Enährung - Hrani-Yoga

Die Bedeutung des Kauens und der Atmung * In Stilleessen * Nicht bis zur Sättigung essen * Das Segnen der Nahrung * Bedeutung und spirituelle Dimension der Ernährung * Meditation vor der Mahlzeit * Das Töten der Tiere und das Gesetz der Gerechtigkeit * Die Nahrung, ein Liebesbrief des Schöpfers * In Stille essen, um die Stimme der Nahrung zu vernehmen * Die Mahlzeit, magische und heilige Zeremonie * Ob gut oder böse, was ihr euch selbst zufügt, fügt ihr auch der ganzen Menschheit zu * Die Nahrung und die Engel der 4 Elemente *Sich durch die Haut ernähren * Weiße und schwarze Magie * Das Mysterium des heiligen Abendmahls * Die wahre Kommunion * Indem man bewusst isst erlangt man Macht über die Materie.

17/18 Erkenne Dich selbst – Jnani-Yoga

Band 17: Die synoptische Tafel * Der Geist und die Materie * Die Seele * Das Opfer * Die Nahrung der Seele und des Geistes * Das Bewusstsein * Das Höhere Selbst * Die Wahrheit * Die Freiheit.

Band 18: Die Schönheit * Die spirituelle Arbeit * Die Macht des Denkens * Die Erkenntnis: das Herz und der Intellekt * Die Kausalebene * Konzentration, Meditation, Kontemplation, Identifikation * Das Gebet * Die Liebe * Der Wille * Die Kunst, die Musik * Die Geste * Die Atmung.

23/24 Die neue Religion – Eine universelle Sonnenreligion

Band 23: Der Strom des Lebens * Der Mensch und seine zwei Naturen * Ihr seid Götter * Die heliozentrische Revolution: Die Bruderschaft * Der Meister * Die Sonne, Abbild der heiligen Dreifaltigkeit * Ein neuer Typ Mensch: Die symbolische Bedeutung des Prismas * Die Nahrung: Das Wort * Wie man an seiner eigenen Materie arbeiten kann – Der Körper der Auferstehung * Die Gesetze des Schicksals.
Band 24: Die Lehre der Kraft * Der Sinn des Reichtums und des Besitzes in der Einweihungswissenschaft * Die Liebe ist Eins * Die wahre Ehe – Wie man die Auffassung der Ehe erweitert * Die Rolle der Frau in der neuen Kultur * Die wahren Grundlagen der Religion * Die geistige Schöpfung – Die Suche nach dem Stein der Weisen * An die Jugend und die Familien * Das Reich Gottes auf Erden.

Band 25/26 - Der Wassermann und das Goldene Zeitalter

Band 25: Das Wassermann-Zeitalter * Der Geist der Brüderlichkeit ist im Kommen * Jugend und Revolution * Kommunismus und Kapitalismus * Die wahre Ökonomie * Gold und Licht * Aristokratie und Demokratie * Die Politik im Licht der Einweihungswissenschaft *
Band 26: Die Prinzipien und die Formen * Die wahre Religion Christi * Die Idee der Pan-Erde * Der kosmische Körper * Das Reich Gottes und seine Gerechtigkeit * Das neue Jerusalem.

Band 27 - Die Pädagogik in der Einweihungslehre

Zuerst sollten die Eltern unterwiesen werden * Die Rolle des Unterbewusstseins bei der Kindererziehung * Erziehung und Bildung – Die Macht des Vorbildes * Die Jugend auf die Zukunft vorbereiten * Das Erlernen der Gesetze * Das Kind und der Erwachsene * Die Rolle eines Meisters * Die Nachahmung als Faktor der Erziehung * Die Einstellung gegenüber einem Meister * Die Methoden eines Meisters * Die Arbeit in der Einweihungsschule.

Band 28/29 - Die Pädagogik in der Einweihungslehre

Band 28: Weshalb man ein spirituelles Leben wählen sollte * Der Sinn des Lebens, die Entwicklung * Die gestaltende Vorstellungskraft * Lesen und Schreiben * Der Selbstmord * Eine neue Einstellung dem Bösen gegenüber * Die Raupe und der Schmetterling * Die Liebe, ein Bewusstseinszustand * Die Geburt auf den verschiedenen Ebenen * Die Sonne als Vorbild * Mann und Frau in der neuen Kultur
Band 29: Die Gesetze der spirituellen Arbeit * Unsere Verantwortung * Das neue Leben erbauen * Das lebendige Wissen * Lasst die Quelle sprudeln * Die spirituelle Atmosphäre * Die Medizin der Zukunft * Lebt in der Poesie! * Seid vollkommen wie euer Vater im Himmel vollkommen ist * Die Wirklichkeit der unsichtbaren Welt * Nehmt teil an der Arbeit der Universellen Weißen Bruderschaft

Band 30/31 - Leben und Arbeit in einer Einweihungsschule

Band 30: Zum »Tag der Sonne« * Le Bonfin * Die Arbeit in der göttlichen Schule * Hrani Yoga und Surya-Yoga * Der Geist dieser Lehre * Materie und Licht * Die Reinheit, Voraussetzung für das Licht * Der Sinn der Einweihung
Band 31: Das neue Leben * Materialisten und spirituelle Menschen * Der wahre Sinn des Wortes Arbeit * Wie man mit Schwierigkeiten umgeht * Die Beschäftigung des Schülers mit seiner niederen Natur * Eitelkeit und Hochmut * Meister und Schüler * Wie man über die Vorstellung von Gerechtigkeit hinauswächst * Hierarchie und Freiheit * Die Allmacht des Lichtes

Band 32 - Die Früchte des Lebensbaums

Wie man das Studium der Kabbala in Angriff nehmen sollte * Die Zahl 10 und die 10 Sephiroth * Der Lebensbaum * Die Erschaffung der Welt * Der Sündenfall und der Wiederaufstieg des Menschen * Die vier Elemente * Die Macht des Feuers * Wasser und Feuer * Das lebendige WORT * Die esoterische Kirche des Johannes * Binah, das Reich der Beständigkeit * Der menschliche Geist ist der Vorbestimmung überlegen * Der Tod und das Leben im Jenseits * Menschliche und kosmische Atmung * Die Kardinalfeste * Der Mond und sein Einfluss auf die Seelen * Der Zauberstab * Die Naturgeister * Der Gralskelch * Die Errichtung des inneren Tempels.

Vom selben Autor

Reihe Broschüren

301 Das neue Jahr
302 Die Meditation
303 Die Atmung
304 Der Tod und das Leben im Jenseits
305 Das Gebet
306 Musik und Gesang im spirituellen Leben
307 Das hohe Ideal
308 Das Osterfest – Die Auferstehung und das Leben
309 Die Aura, unsere geistige Haut
310 In die Stille gehen
311 Wie Gedanken sich in der Materie verwirklichen
312 Die Reinkarnation
313 Das Vaterunser
314 Das Gesetz der Gerechtigkeit und das Gesetz der Liebe
315 Die Quelle des Lebens
316 Die Nahrung, ein Liebesbrief des Schöpfers
317 Die Kunst und das Leben
318 Die wesentliche Aufgabe der Mutter während der Schwangerschaft
319 Die Seele, Instrument des Geistes
320 Menschliches und göttliches Wort
321 Weihnachten und das Mysterium der Geburt Christi
322 Die spirituellen Grundlagen der Medizin
323 Meditationen beim Sonnenaufgang
324 Der Friede, ein höherer Bewusstseinszustand
325 Das Ideal des brüderlichen Lebens
326 Die ganze Schöpfung wohnt in uns
327 Der Preis der Freiheit

Vom selben Autor

Taschenbuchreihe IZVOR

200 Hommage an Meister Peter Deunov
201 Auf dem Weg zur Sonnenkultur
202 Der Mensch erobert sein Schicksal
203 Die Erziehung beginnt vor der Geburt
204 Yoga der Ernährung
205 Die Sexualkraft
206 Eine universelle Philosophie
207 Was ist ein geistiger Meister?
208 Das Egregore der Taube o. das Reich des Friedens
209 Weihnachten und Ostern in der Einweihungslehre
210 Die Antwort auf das Böse
211 Die Freiheit, Sieg des Geistes
212 Das Licht, lebendiger Geist
213 Die menschliche und göttliche Natur in uns
214 Liebe, Zeugung und Schwangerschaft
215 Die wahre Lehre Christi
216 Geheimnisse aus dem Buch der Natur
217 Ein neues Licht auf das Evangelium
218 Die geometrischen Figuren und ihre Sprache
219 Geheimnis Mensch. Seine feinst. Körper u. Zentren
220 Der Tierkreis, Schlüssel zu Mensch und Kosmos
221 Alchimistische Arbeit und Vollkommenheit
222 Die Psyche des Menschen

Vom selben Autor

Reihe Sila

Mit den Büchern aus dieser Reihe können die von Omraam Mikhaël Aïvanhov vorgeschlagenen und gezeigten Übungen und Gebete erlernt, angewendet und vertieft werden. Die Bücher enthalten anschauliche Zeichnungen, Farb-Fotos, Tabellen und Diagramme, welche das Verständnis und die Umsetzung erleichtern.

1 Die Gymnastik-Übungen – Sinn, Ablauf und Entsprechung zu heiligen Symbolen (Buch mit DVD)

2 Vom Sinn des Betens – Erklärung und Gebete

3 Erhebende Gedanken – Die Meditation

4 Das Licht und die Farben – Kräfte der Schöpfung

Vom selben Autor

E-Books

Die meisten Bücher von Omraam Mikhaël Aïvanhovs sind auch als E-Book erschienen.

Die E-Books sind in verschiedenen Formaten erhältlich und auf jedem E-Reader lesbar. Sie stehen bei weltweit fast 1.000 Handelspartnern zum Download bereit, z. B. bei:

Amazon, Apple, Thalia, Hugendubel, Osiander, Weltbild, Bücher.de, Orell Füssli, Buchhandel.de, Legimi, Kobo, Ebook.it und vielen weiteren...

Vom selben Autor

Reihe »Gedanken für den Tag«

Das Taschenbuch »Gedanken für den Tag« enthält für jeden Tag des Jahres ein Zitat von Omraam Mikhaël Aïvanhov als geistige Anregung und Begleiter für den Alltag. Es ist eine gute Meditationshilfe und auch als Geschenk bestens geeignet. Das Buch erscheint jährlich mit neuen Texten und ist einer unserer Bestseller. Ausgaben aus vergangenen Jahren sind ebenfalls noch erhältlich (solange Vorrat reicht).

Auf unserer Internet-Seite können Sie alle Tagesgedanken von 2005 bis 2019 lesen (www.prosveta.de, www.prosveta.ch, www.prosveta.at). In diesen mehr als 5.000 Tagesgedanken können Sie mit Hilfe der Suchfunktion nach Themen oder Begriffen Ihrer Wahl suchen.

Abschließende Information

Es kann ein kostenloser Katalog bei uns angefordert werden, der alle Werke von Omraam Mikhaël Aïvanhov enthält.
Bestellen können Sie im Verlag oder im Buchhandel. Wenn Sie ein Buch in Ihrer Buchhandlung nicht erhalten, ist es bei uns im Verlag in der Regel dennoch lieferbar.

VERLAGE UND AUSLIEFERUNGEN

FRANKREICH
Éditions Prosveta S.A. (Hauptverlag)
B.P. 12 – F-83601 Fréjus Cedex
Tel. 04 94 19 33 33, Fax 04 94 19 33 34
international@prosveta.com · www.prosveta.fr

DEUTSCHLAND
Prosveta Verlag GmbH
Grabenstr. 14, 78661 Dietingen
Tel. 0741-46551, Fax 0741-46552
info@prosveta.de · www.prosveta.de

ÖSTERREICH
Harmoniequell Versand
Hof 37/4, 5302 Henndorf
Tel. und Fax 06214 7413
info@prosveta.at · www.prosveta.at

SCHWEIZ
Éditions Prosveta
1808 Les Monts-de-Corsier 13
Tel. 021 921 92 18, Fax 021 922 92 04
editions@prosveta.ch · www.prosveta.ch

Auslieferungsadressen für weitere Länder finden Sie unter
www.prosveta.de/bestelladressen

Wenn Sie sich über die Anwendung der Lehre von
Omraam Mikhael Aivanhov informieren möchten,
wenden Sie sich bitte an eine der folgenden Adressen:

Deutschland
UWB e.V., Geschäftsstelle Heideweg 7a, 01814 Rathmannsdorf
Tel: 035022 - 519052, www.aivanhov.de, uwb@uwb-ev.de

Schweiz
FBU, Chemin de la Céramone 13, 1808 Les-Monts-de-Corsier
Telefon 021 925 40 80, www.videlinata.ch

Österreich
UWB, Telefon 01 27 698 32
Internet: www.uwb.at, E-Mail: info@uwb.at